Liebe Leserin, lieber Leser,

mit diesem Buch haben Sie einen guten Griff getan! Denn egal, was Sie vorhaben – ob Sie modernisieren oder verschönern, ob Sie reparieren oder ein eigenes Möbelstück bauen möchten –, jetzt kann nichts mehr schiefgehen. Die Fachautoren von Europas auflagenstärkstem Do-it-yourself-Magazin „SelberMachen" präsentieren Ihnen Heimwerken auf dem neuesten Stand. Schritt für Schritt werden sämtliche Handgriffe und kleinen Tricks erklärt. Alles, was wir Ihnen hier zeigen, ist vielfach und ausführlich in den Werkstätten von „SelberMachen" getestet und erprobt worden. Wir wünschen Ihnen viel Freude und Erfolg bei all Ihren Selbermacher-Plänen!

Walter Diem

Fußböden verlegen

rororo selber machen

rororo selbermachen
Herausgegeben von Wolf Dietrich Laatzen

Die Reihe rororo selbermachen wird produziert von
der Redaktion der Zeitschrift SelberMachen,
Jahreszeiten Verlag, Hamburg

*Autor und Verlag bedanken sich bei den Firmen
Beiersdorf, Brügmann, DLW, Haro-Parkettwerke, Hornitex,
Gustav Kähr, Louis Krages, Carl Ed. Meyer,
Pegulan und Osmo für die freundliche Unterstützung
bei der Entstehung dieses Buchs.*

*Originalausgabe
Veröffentlicht im Rowohlt Taschenbuch Verlag GmbH,
Reinbek bei Hamburg, Januar 1997*

*Layout Simone Sander
Umschlaggestaltung Walter Hellmann
(Foto: Ariadne Ahrens)
Lithographie Grafische Werkstatt Christian Kreher, Hoisdorf
Satz PostScript Sabon und Frutiger auf
Apple Macintosh, QuarkXPress 3.31
Gesamtherstellung Clausen & Bosse, Leck
Printed in Germany
1990-ISBN 3 499 60302 0*

Inhalt

Fußböden: ein

Ästhetische Aspekte spielen bei der Beurteilung eines Bodenbelags ebenso eine Rolle wie der praktische Nutzen, die Haltbarkeit und nicht zuletzt auch die Kosten. Holzdielen, ein Teppichboden oder PVC-Beläge werden da sicher von jedem ganz unterschiedlich eingeschätzt.

guter Grund zum Wohnen

Wenn auch die Möbel viel stärker zum Wohlbehagen und zur Ordnung beitragen, der Fußboden ist eine wichtige Basis für ein wohnliches Ambiente.

Auf dem Fußboden ist buchstäblich die Einrichtung der Wohnung, des Hauses aufgebaut. Man entscheidet sich nicht von ungefähr für einen bestimmten Bodenbelag: Man verspricht sich von diesem Material mehr behagliche Wärme, von jenem mehr elegante Atmosphäre – so wie man es auch mit der Wahl bestimmter Farben, Möbel und Accessoires der übrigen Einrichtung beabsichtigt.
In diesem Buch sind Beispiele ganz unterschiedlicher Bodenbeläge zu sehen, unter denen der Selbermacher Anregungen für den eigenen Hausbau oder für eine geplante Renovierung der Wohnung finden kann. Wer das eine oder andere Beispiel aufgreifen und umsetzen will, sollte stets am gegebenen Untergrund prüfen, welcher Belag sich wie darauf verlegen läßt.

Im **Untergrund** wird der richtige Aufbau

1

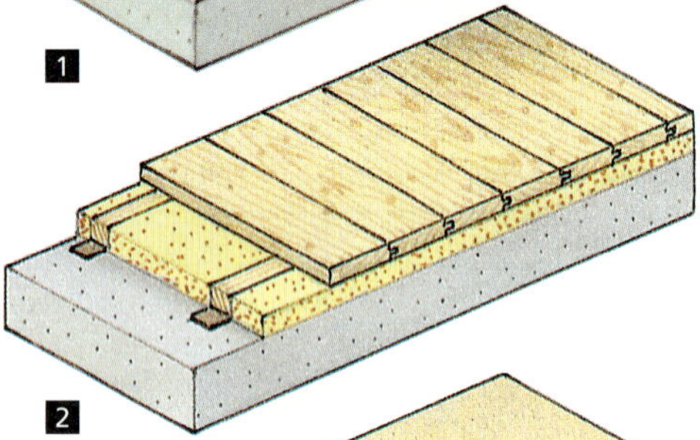

2

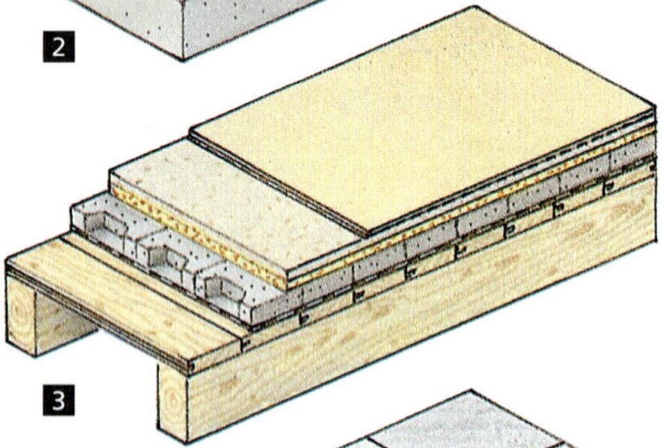

3

4

5

So sieht es im Fußboden aus

In diesem Buch wird mehrmals bei den Vorbereitungsarbeiten für einen neuen Bodenbelag auf bauliche Voraussetzungen für diese oder jene Lösung, auf Trittschalldämmung oder Wärmeisolierung hingewiesen: Es mag sinnvoll sein, erst einmal nachzusehen, wie ein Fußboden üblicherweise aufgebaut ist, auch wenn nur die wenigsten Selbermacher damit praktisch etwas zu tun haben werden. Am häufigsten werden heute Stahlbetondecken eingebaut, auf denen über einer Zwischenschicht aus Dämmaterial und einem Estrich die Gehschicht, der eigentliche Bodenbelag, verlegt ist (Fertigparkett in Zeichnung 1, Natursteinplatten in Zeichnung 4). Auf der Decke kann ein Dielenboden auch ohne Estrich, nur auf Lagerhölzern und Dämmstreifen, verlegt sein (Zeichnung 2).
In der Altbauwohnung kann der Fußbodenaufbau noch um einiges mächtiger sein, wenn über den Lagerhölzern Plattenbeläge vorhanden sind (und bleiben müssen) und darauf über zusätzlich eingebrachten Dämmschichten der neue Textil- oder Fliesenboden (Zeichnungen 3 und 5) verlegt wird. Bei modernen Bauten ist im Fußboden noch die Bodenheizung eingebaut (Zeichnung 6).

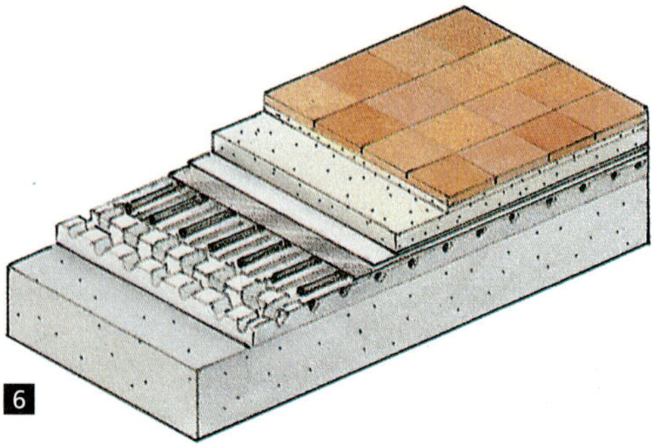

6

des Bodens und der Gehschicht bestimmt.

Die Aufbauskizze zeigt deutlich den Aufbau eines schwimmenden Estrichs. Die Dämmschicht verbessert die Wärmedämmung. Das Fehlen jeglicher Verbindung zum übrigen Baukörper schließt eine Schallübertragung in neben- oder darunterliegende Räume aus.

Das Dämmaterial wird gegen aufsteigende Feuchtigkeit mit einer Lage Öl- oder Teerpapier geschützt, die 10 cm überlappt.

Die Dämmschicht muß fugenlos geschlossen sein, damit beim Verlegen keine Verbindung zwischen Estrich und Unterboden entsteht.

Neuer, solider Fuß-

Gemütlich ist der Wohnraum unterm Dach. Der mit Teppich belegte Boden mindert Tritt- und Luftschall, so daß man in der Etage darunter nicht belästigt wird.

boden im Trockenausbau

Der Ausbau eines Dachbodens gibt meistens Anlaß, einen neuen Fußboden zu verlegen. Am schnellsten geht es mit Trockenestrich- und Verlegeplatten.

Für einen Abstellraum sind die alten Fußbodendielen, meistens einfache Nut- und Federbretter, gut genug. Auch wenn sie eine wellige Oberfläche haben und sich mit den Jahren breite Fugen gebildet haben. Wenn im Dachboden aber neuer Wohnraum entstehen soll, dann wird man sich damit nicht zufriedengeben. Die alten Dielen sind allenfalls Untergrund für einen neuen Fußboden.
Aber nicht allein wegen der geringen Qualität der alten Bretter muß ein neuer Boden aufgebaut werden: Es mangelt ja auch an Luft- und Trittschalldämmung. Einen Estrich zu gießen wäre zu aufwendig. Mit Trockenestrich bzw. Verlegeplatten, schwimmend oder fest montiert verlegt, ist der neue ebene Untergrund für einen neuen Boden leichter zu schaffen.

Die Balkenlage im Rohbau: Zur Minderung des Trittschalls werden erst einmal Streifen aus Holzfaserdämmplatten verlegt.

Dachlatten auf den Dämmstreifen tragen nachher die Verlegeplatten. Sie liegen lose, werden nicht mit den Balken verschraubt.

Kleine Keile am Rand sorgen dafür, daß die Verlegeplatten Abstand zu den Balken haben, damit keine Schallbrücken entstehen.

Weißleim sorgt für die Verbindung der Platten untereinander. Der Leim wird in die Nut oder auf die Feder gespritzt.

Verlegeplatten als erste Lage

Bei Neubauten oder da, wo die alten Dielen gar zu viele Mängel aufweisen und deshalb herausgerissen werden, bietet sich als beste Lösung ein neuer Bodenaufbau mit Verlegeplatten an. Die unter dieser Bezeichnung in Baumärkten und Holzhandlungen erhältlichen Spanplatten haben an den Seitenkanten Nut und Feder und bilden deshalb nach dem Verlegen eine geschlossene Fläche.
Sie sind 205 × 92,5 cm groß und lassen sich deshalb – wenn auch manchmal mit etwas Mühe – sogar durch enge Treppenhäuser nach oben transportieren. Für Böden, die normal belastet werden, sollten die Verlegeplatten 22 mm dick sein.
Eine besonders wirksame Trittschalldämmung wird erreicht, wenn über den Balken erst einmal Streifen aus Holzfaserdämmplatte verlegt werden. Und darauf werden dann Dachlatten verlegt, die aber nicht mit den Balken verschraubt werden. Der Boden soll „schwimmen“, d. h., nur Estrichplatten und Dachlatten werden miteinander verschraubt.
Die schwimmende Verlegung funktioniert nur dann richtig, wenn auch die Ränder des neuen Unterbodens Abstand zu Balken der Dachstuhl- und Deckenkonstruktion haben. Kleine Holzkeile oder Streifen der Dämmplatte sorgen dafür, daß ringsum ein Spalt von etwa 15 mm Breite eingehalten wird.
Die Verlegeplatten gibt es in drei Kategorien: Es gibt Platten für den einfachen Innenausbau, es gibt feuchtraumgeeignete und naßraumgeeignete Platten. Für Küche und Bad im ausgebauten Dach sollten also unabhängig vom später verlegten Bodenbelag die richtigen Estrichplatten für den Unterboden gewählt werden.

Eine doppelte Lage **Estrichplatten** trägt

Die Stöße zwischen den Platten werden von Reihe zu Reihe versetzt angeordnet. Verschnitt wird in der nächsten Reihe verbraucht.

An Längskanten verschraubt man die Platten mit den Dachlatten, die genau unter den Stößen liegen. Schraubenlöcher vorbohren.

Unterboden dreilagig aufgebaut

Die Fotos auf der linken Seite zeigen die Fortsetzung der Verlegung von Estrichplatten direkt auf der Balkenlage. Auf der rechten Seite ist ein anderes Verfahren zu sehen: Hier werden auf den vorhandenen Dielenbrettern erst einmal Polystyrolplatten verlegt – und darauf werden Trockenestrichplatten in zwei Lagen eingebaut. Die erste Schicht „schwimmt“, wird also nicht mit den Hartschaumplatten verbunden; zweite und erste Schicht werden dagegen durch eine dünne Kleberschicht miteinander verbunden. Zusätzlich werden mit dem Tacker Klammern gesetzt. Die zweite Schicht wird so verlegt, daß die Fugen versetzt über den Fugen der ersten Lage angeordnet sind.

Dieser Unterboden aus drei Lagen stellt eine stabile Grundlage für den nachher aufgebrachten Bodenbelag dar. Da die ganze Fläche in sich sehr steif ist, können auf einem solchen Unterboden auch Fliesen verlegt werden, ohne daß man fürchten muß, Bewegungen im Unterboden könnten Fliesen platzen lassen.

Fugen verspachteln ist nur unter dünnen Bodenbelägen nötig. Unter einem Teppichboden sind die Fugen nicht zu erkennen.

Filzstreifen an den Außenkanten verhindern die Schallübertragung vom Boden auf die Wände. Sie werden nur leicht angetackert.

auch Fliesen als neuen Bodenbelag.

Polystyrolplatten *auf den alten Dielen bilden die erste Schicht. Sie können dank ihrer Nachgiebigkeit Dielenunebenheiten ausgleichen.*

Trockenestrichplatten *werden ohne Kleber auf den Hartschaumplatten ausgelegt. Ausschnitte können leicht ausgesägt werden.*

Trockenunterbodenkleber *wird mit einem Zahnspachtel aufgetragen. Die zweite Plattenlage wird mit versetzten Fugen verlegt.*

Mit Heftklammern *fixiert man die zweite Lage auf der ersten. Das eigene Körpergewicht sorgt für höheren Anpreßdruck.*

Estrichgrund *kann anschließend mit dem Flächenstreicher aufgetragen werden. Er härtet die Oberfläche des neuen Unterbodens.*

Fugenband *schließt die Anschlußfuge zwischen Estrichboden und Wand. Es wird mit Naßraumabdichtung eingeklebt.*

Im Schaufenster: Beläge

aus Kork, Gummi, Vinyl

Für stärker strapazierte Bereiche gibt es heute viele Bodenbeläge, die besonders robust und weitgehend schadstofffrei sind. Hier eine Auswahl.

1. Korkfliesen, natur oder vorversiegelt und mit gefärbter Oberfläche: vor allem für Naßbereiche geeignet. **2.** Linoleum, aus Leinöl, Naturharz und Korkmehl auf Jutegewebe, wird als Bahnenware wie auch in Fliesen in zahlreichen Farbstellungen hergestellt. **3.** Kunststofffliesen, heute weitgehend PVC-frei hergestellt, als Fliesen oder Bahnenware erhältlich. **4.** Zweischichtiger Vinylbodenbelag, als Bahnenware mit vielen Dekoren hergestellt: hier mit einem Schiffsbodenmuster. **5.** Gefärbte und vorversiegelte Korkfliesen, zum Verwechseln den Kunststofffliesen ähnlich. **6.** Einschichtige Kunststoffbeläge sind durchgefärbt, nutzen sich deshalb – scheinbar – kaum ab. **7.** Zweischichtige Vinylbeläge bestehen aus einer Nutzschicht und einem besonderen Trägermaterial, sind in der Regel billiger als einschichtige Beläge. **8.** Korkfliesen mit gefasten Kanten, die besonders breite Fugen ergeben: Fugenmasse kann ein markantes Linienraster im Bodenbelag bilden. **9.** Zweischichtiges Vinylmaterial, hier mit einem Dekor, das Schieferplatten imitiert. **10.** Unbehandelte Korkfliesen, die nach dem Verlegen noch versiegelt werden müssen, damit die Oberfläche vor allem gegen mechanische Beanspruchung geschützt ist. **11.** Gummibeläge werden aus Kautschuk, aus einem nachwachsenden Rohstoff also, hergestellt. **12.** Zweischichtiges Vinylmaterial, das die Struktur von Steinplatten nachahmt.

So finden Sie

den richtigen Teppichboden.

Elegant, kuschelig, strapazierfähig: Teppichböden gibt es in vielen Qualitäten. Beim Kauf hat man die Qual der richtigen Wahl.

Ist die Wohnung ein ruhiger Hort, oder ist oft viel Betrieb? Die Antwort auf diese Fragen ist wichtig, damit Sie den richtigen Teppichboden kaufen.

Ginge es nur nach der Farbe, wäre es noch leicht, einen Teppichboden auszuwählen. Aber Teppichbodenqualität ist in erster Linie am Verwendungszweck zu messen. Ein hochfloriges, kuschelweiches Material im Flur oder Arbeitszimmer zu verlegen wäre nicht sinnvoll, weil ein solcher Boden nicht strapazierfähig genug ist. Und an einer harten, flachen Schlingenware hätten Sie im Schlafzimmer, wo Sie auch mal barfuß laufen, wenig Freude.
Wer die Wohnung komplett mit demselben Material auslegen will, braucht „Alleskönner"; wer für einen einzelnen Raum den bestmöglichen Teppich sucht, sollte auf die im Teppichsiegel aufgeführten Eigenschaften achten.

Im Flur ist **Strapazierfähigkeit** die

Velours oder auch eine niedrige Feinschlinge: Teppiche wie die links und unten abgebildeten eignen sich gut für den Flur.

__Auch im Arbeitszimmer__ hat ein Teppichboden viel auszuhalten. Dazu ist darauf zu achten, ob der Teppich stuhlrollenfest ist.

Robustheit ist hier gefragt.

Keine Frage: Der Bodenbelag im Flur hat von allen Böden in der Wohnung am meisten auszuhalten. Hier kann nur ein besonders robuster Teppichboden überstehen und dabei möglichst lange gut aussehen. Auf geeignete Qualitäten weist das Teppichsiegel hin. Am besten geeignet sind kurzflorige Veloursteppiche, deren Pol (also die Oberfläche) aus besonders verschleißfester und langlebiger Polyamidfaser bestehen sollte. Allerdings neigt diese Faser zu elektrostatischer Aufladung, die leider auch den Schmutz anzieht. Aber der kann relativ leicht entfernt werden; die Pflege ist sehr einfach.

Teppichbodenfarben gibt es so viele wie Strukturen oder Muster. Für jeden Anspruch ist die richtige Nuance zu finden.

wichtigste Eigenschaft des Teppichbodens.

Nur auf ebenem Untergrund liegt der Teppich richtig.

Ein Tiefgrundanstrich ist die mindeste Vorarbeit vor der Verlegung eines neuen Teppichbodens. Damit wird alter Estrich, der zu sanden beginnt, überstrichen und dadurch gefestigt. Risse und kleine Löcher müssen aber vorher ausgespachtelt werden. Bei größeren Unebenheiten ist es angezeigt, den Untergrund mit Fließspachtel einzuebnen.

Verlegeplatten sind erforderlich, wenn alte Dielen mit Teppichboden belegt werden sollen. Die Platten werden vorher mit 3 mm dickem Hartschaum unterlegt, das verbessert die Trittschalldämmung. Die Platten selbst werden schwimmend, ohne feste Verbindung zum Untergrund, verlegt und lediglich untereinander durch Leim verbunden.

Das Material bestimmt die Eigenschaften des Teppichbodens.

Reine Schurwolle ist ein hochwertiges Material für Teppiche. Sie ist elastisch, dehnbar, weitgehend antistatisch und durch ihren natürlichen Fettgehalt auch schmutzabweisend. Daher bleibt der Teppich lange schön. So wäre ein Schurwollteppich auch für den Flur geeignet – allerdings gibt man dort wohl eher den preiswerteren Qualitäten aus synthetischen Fasern den Vorzug.

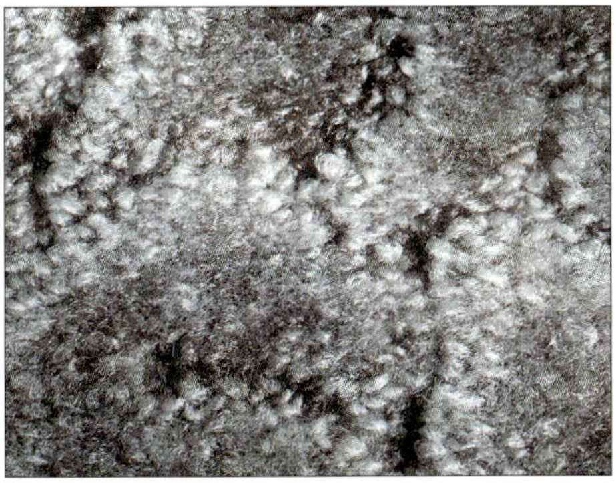

Synthetische Fasern sind unterschiedlich strapazierfähig. Polyamid ist die robusteste Faser, hinter deren Qualitäten die Polyesterfaser nur wenig nachsteht. Sie ist sehr abriebfest und lichtbeständig. Man verwendet sie wegen ihres seidigen Glanzes gern für Velours. Die Polyacrylfaser ist stumpfer und ähnelt mehr der Wollfaser; sie ist weniger strapazierfähig als die Polyamidfaser.

Im Wohnzimmer gelten **Komfort und**

Raffinierte Strukturen beleben auch größere Flächen: Feinschlinge (links), Flachgewebe und Hoch-tief-Struktur (unten).

Perfekt abgestimmt *mit anderen Farben, Harmonie mit dem Stil der Einrichtung und angemessener Komfort: Das sollte den Teppichboden im Wohnzimmer auszeichnen.*

Die optische Wirkung dominiert.

Anders als beim stark belasteten Eingangsbereich von Haus oder Wohnung hat im Wohnzimmer der Teppichboden eher eine repräsentative Funktion. Das Aussehen, die Gesamtwirkung des Teppichs im Zusammenspiel mit anderen Materialien und Farben im Raum sind hier wichtig, die Strapazierfähigkeit ist nicht so hoch zu veranschlagen. Auch wenn sie natürlich eine Rolle spielt, kann man sich mit einem normalen Strapazierwert begnügen. Da das Wohnzimmer meistens der größte Raum der Wohnung ist, sollte hier besonderer Wert auf eine einwandfreie Verlegung gelegt werden. In der Mietwohnung wird man den Teppichboden nur mit einem ganzflächig wirksamen Verlegegitter (siehe Seite 40) fixieren können, im eigenen Haus ist festes Verkleben die richtige Methode. Dabei sollte auch etwas für eine bessere Wärme- und Trittschalldämmung getan werden, damit der Komfort des Teppichbodens noch gesteigert wird.

Eleganz als die wichtigsten Eigenschaften.

Wärme- und Trittschalldämmung unter dem Teppichboden

Schaumstoffbahnen *verbessern die Wärmedämmung (was vor allem in Erdgeschoßräumen willkommen ist). Sie können mit speziellen Klebern mit dem Unterboden verklebt, aber auch nur lose ausgelegt werden. Das Material ist 4 mm dick und wird in 1 m breiten Bahnen hergestellt.*

Hartschaum oder Filzpappe *verbessern die ohnehin schon gute Trittschalldämmung des Teppichbodens. Die Rollenware kann (ebenso wie die links vorgestellten Schaumstoffbahnen) Unebenheiten des Untergrunds ausgleichen. Die flächenstabilen Bahnen müssen auf dem Boden nur leicht fixiert werden.*

Was der Teppichrücken verrät.

Mit Schaumrücken *sind heute die meisten Teppichbodenqualitäten ausgestattet. Das verbessert vor allem die Maßhaltigkeit des Teppichs, macht ihn stabiler – und zugleich komfortabler (selbst Teppiche mit relativ niedriger Polschicht). Bei hochwertigen Teppichen wird auf das fertige Teppichmaterial ein textiler Zweitrücken kaschiert. Solche Teppiche lassen sich gut verspannen und können leichter wieder aufgenommen werden.*

Teppichboden transportieren

Stramm gewickelt und gut gestützt *sollte der Teppich transportiert werden, wenn man ihn selbst abholt. Falten und Knicke sind unbedingt zu vermeiden. Der Teppich sollte um eine Papprolle gerollt sein, eine Leiter kann wirksame Stütze auf dem Dachträger sein.*

Kuschelig weicher Boden im Schlafzimmer

Ein Flor aus dick gedrehten Fasern, grobe Schlingen oder langfloriger Velours: Diese Qualitäten passen ins Schlafzimmer.

***Ein Wohlgefühlteppich** sollte den nackten Füßen im Schlafzimmer geboten werden. Ein hoher und dichter Flor bietet hier den höchsten Laufkomfort.*

Einladung zum Barfußlaufen

Im Schlafzimmer kann der Teppich nicht weich genug sein: je dicker und kuscheliger, desto besser. Denn auf diesem Boden läuft man mehr als in anderen Räumen barfuß; da soll das Laufen uneingeschränktes Wohlbehagen bereiten. Deshalb sind vor allem Teppiche mit nachgiebigem Schlingenflor vorzuziehen.

Wer für das Natürliche schwärmt, wird einen Teppichboden aus reiner Schurwolle wählen, der dicht, elastisch und ausgesprochen hautsympathisch – allerdings auch relativ teuer – ist.

Um einiges billiger, aber kaum weniger komfortabel ist ein langfloriger Teppich aus Synthetikfasern. Wie bereits erwähnt, gibt es Fasern, die der Wollfaser sehr ähnlich sind und ein vergleichbar angenehmes Gefühl beim Drüberlaufen vermitteln.

Wer nach einem Qualitätsmaßstab sucht: Je höher das Polgewicht ist (das heißt das Gewicht der im Flor stehenden Fasern), desto dichter und dicker ist der Teppich.

Die Strapazierfähigkeit wird als Kaufkriterium hier an letzter Stelle stehen, aber es wäre nicht verkehrt, einen Teppich zu wählen, der schmutzabweisend imprägniert wurde und daher pflegeleicht ist.

Henkel MIT DER QUALITÄT VON HENKEL
Ein Parkett-Boden ist etwas fürs ganze Leben!
Ponal bietet mit der Produktpalette „Parkett & Kork" ein spezielles Produktprogramm – *ohne Lösungsmittel* – zur Verlegung von Böden aus Holzwerkstoffen.
Ponal gibt damit sein Bestes in puncto Sicherheit und Leistung.
Ponal Kork
Kontaktkleber für Korkbeläge im Bodenbereich
Ponal Kork
Kontaktkleber für Korkbeläge im Bodenbereich
Ponal Parkett
Fugen-Leim
Ponal Parkett
Flächen-Kleber
ohne Lösungsmittel
ausreichend für ca. 14 m²
Ponal Parkett
Ponal - so stark wie Holz.

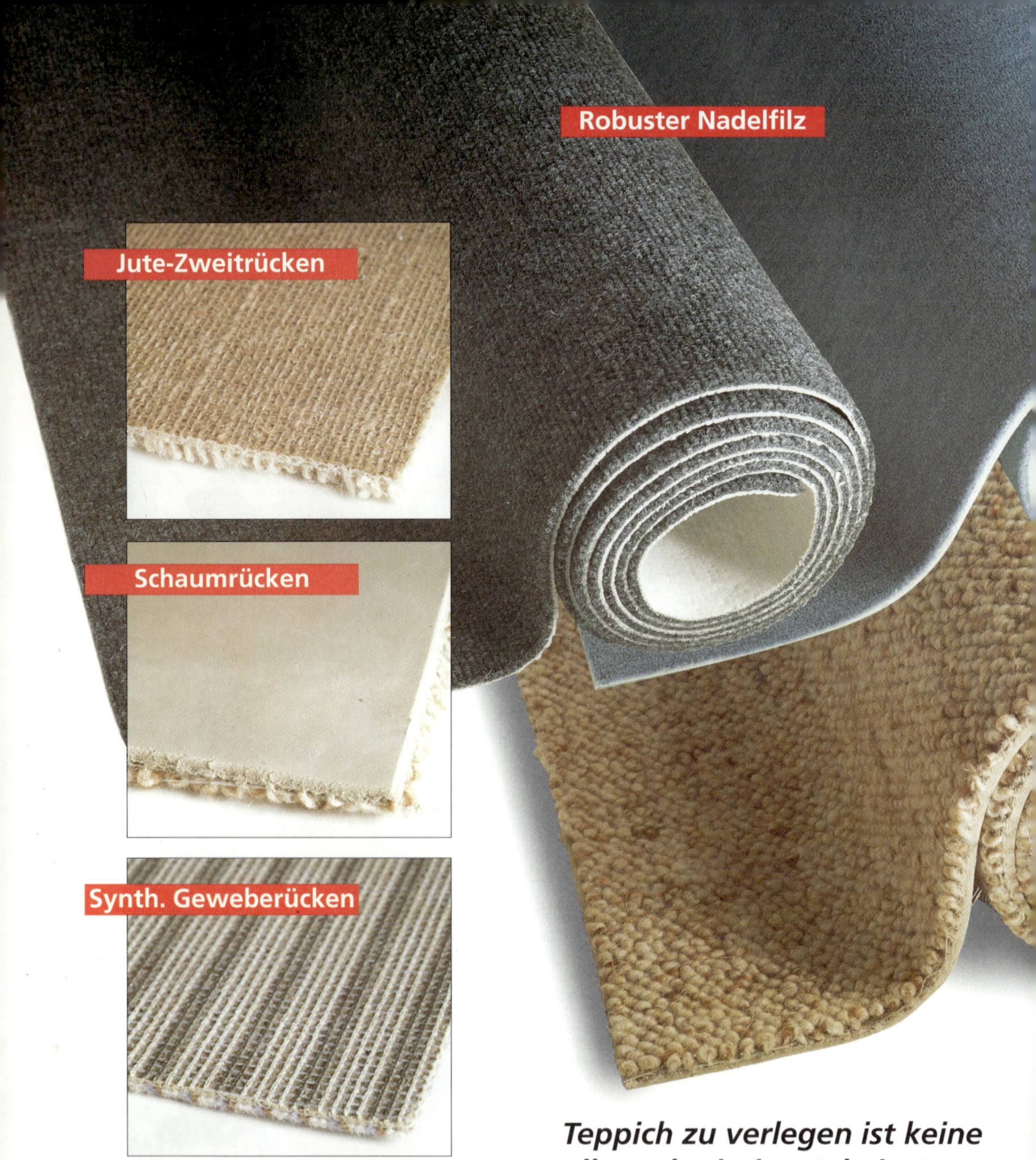

Nicht nur die Oberfläche eines Teppichs bestimmt seine Qualität: Die Unterseite ist mindestens genauso wichtig. Von ihr hängt es unter anderem dann auch ab, wie der Teppich verlegt werden kann.

Teppich zu verlegen ist keine allzu schwierige Arbeit. Am meisten hält dabei das Zuschneiden auf. Wir zeigen, wie's gemacht wird.

Teppichbahnen leicht und

Für jeden Geschmack und für jede Nutzungsart gibt es den passenden Teppich – und es gibt unterschiedliche Methoden der Verlegung.

Eine 4 m breite Bahn, die einmal die Erde umschlingt: Das ist etwa die Fläche Teppichboden, die jährlich in der Bundesrepublik verlegt wird. Und einen beträchtlichen Teil davon legen die Selbermacher aus. Dabei machen die meisten diese Arbeit zum ersten Mal – und müssen sie deshalb auf Anhieb richtig machen (die Fachleute sind die, die aus ihren Fehlern gelernt haben ...). Das fängt schon mit dem Zuschneiden an. Ein falscher Schnitt an der Wandkante oder in einem Raumwinkel, und schon ist zuviel von der Bahn abgetrennt. Ein Zuviel, das auch von der dicksten Fußleiste nicht überdeckt werden kann.

Das richtige Werkzeug, vollständig am Arbeitsplatz versammelt, ist die eine Voraussetzung für gutes Gelingen. Eine Portion Geduld und absolute Genauigkeit beim Ausmessen ist die andere Voraussetzung. Das Verlegen eines akkurat ausgemessenen und zugeschnittenen Teppichs ist dann der leichtere Teil der Arbeit.

richtig zuschneiden

Wenig **Stöße und Verschnitt,** so

Kein Material verschenken

Fast jede Teppichqualität wird in verschiedenen Breiten hergestellt (nicht jede Bahnenbreite ist in jedem Baumarkt auch vorrätig ...). Das ist praktisch, denn man kann man eine Bahn so kaufen, daß möglichst wenig Verschnitt entsteht (und bezahlt werden muß), auch wenn man auf die passende Bahnenbreite nach der Bestellung ein paar Wochen warten muß.
Vor dem Teppichkauf wird der Grundriß des Raums oder der Wohnung maßstäblich genau aufgezeichnet; dabei ist wichtig, daß die Hauptfensterfront markiert wird: Weil beim Verlegen stets an der Fensterseite begonnen wird, ist die benötigte Bahnenbreite in der Regel an der Breite der Fensterfront abzulesen. Das heißt: Die Schnittkante der Teppichbahn wird an der Fensterfront verlegt. Es kann aber auch sinnvoll sein, die Teppichbahn parallel zur Fensterwand abzurollen. Dann entspricht die benötigte Bahnenlänge der Breite der Fensterwand.
Werden mehrere zusammenhängende Räume mit demselben Teppich ausgelegt, muß der Florverlauf in allen Zimmern gleich sein.
Zu überlegen ist in manchen Situationen, ob man vielleicht doch etwas Verschnitt in Kauf nimmt, also eine viel breitere Bahn als benötigt einkauft – um auf diese Weise zu vermeiden, daß zwei Bahnen verlegt bzw. Stoßnähte zwischen zwei Bahnenteilen dicht gemacht werden müssen. Mit dem Verschnitt kann dann vielleicht ein weiterer Raum ausgelegt werden, für den ein neuer Belag gar nicht kalkuliert war.

liegt der Teppichboden richtig.

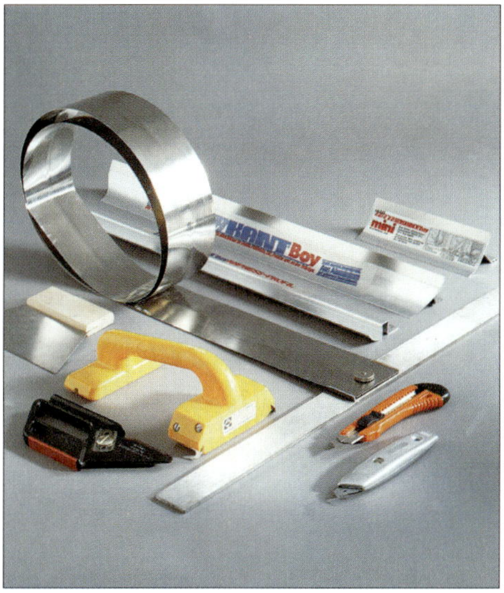

Das richtige Werkzeug *macht die Arbeit leichter. Dazu gehören Teppichmesser mit gerader und Hakenklinge, Teppichschienen und spezielle Kantenschienen.*

Der grobe Zuschnitt *wird gemacht, bevor die Teppichbahn im Raum ausgelegt wird. Dafür wird dieser Universalschneider mit Spezialklinge eingesetzt.*

An Wandvorsprüngen *ist vorsichtig vorzugehen: Man schneidet den Teppich genau an der Kante ein, bis er glatt am Boden anliegt. Dann rechts und links den Teppich einpassen.*

Ein spezieller Kantenschneider *macht den exakten Schnitt entlang der Wand fast zum Kinderspiel. Wichtig ist, daß das Werkzeug fest in den Winkel gedrückt wird.*

Damit gerade Nähte gelingen

Schon mancher Selbermacher hat gemeint, er könne auch freihändig exakt gerade Schnitte ausführen – und mußte sich nachher darüber ärgern, daß die Naht zwischen zwei Bahnen oder auch der Wandanschluß doch ziemlich unregelmäßig ausgefallen war und der Untergrund durch klaffende Stoßfugen „blitzte“. Auch wenn man sich vom neuen Teppichboden eine lange Lebensdauer versprechen darf und deshalb ein extra angeschafftes Werkzeug erst in später Zukunft wieder einmal benötigt wird: Es lohnt sich immer, das Geld für eine Teppichschiene, vielleicht sogar für eine Cutter-Kantschiene – und auf jeden Fall für eine ausreichende Menge Cutterklingen auszugeben (vielleicht kann das Spezialwerkzeug auch an Nachbarn oder Freunde weiterveräußert werden, so daß die Anschaffung dann doch nicht so kostspielig ist).
Mit der Teppichschiene wird die Stoßfuge zwischen zwei Bahnen ganz exakt ausfallen, wenn die Bahnen überlappend nebeneinander gelegt und beide Lagen entlang der Schiene mit einem Schnitt durchgetrennt werden. Und mit der Cutter-Kantschiene kann vor allem an der Wand ein exakt geradliniger Schnitt gelingen.
Hier wie bei allen Schnitten sollte man mit den Wechselklingen im Teppichmesser nicht geizen: Nur scharfe Klingen schneiden exakt, dabei fast ohne Kraftaufwand – und ohne den Teppichflor unnötig zu beschädigen, was mit einer unscharfen Klinge, die mehrmals angesetzt werden muß, ganz leicht passieren kann.
Die Zeichnungen rechts geben übrigens einige Tips, wie Raumgrundriß und Bahnenbreiten aufeinander abzustimmen sind.

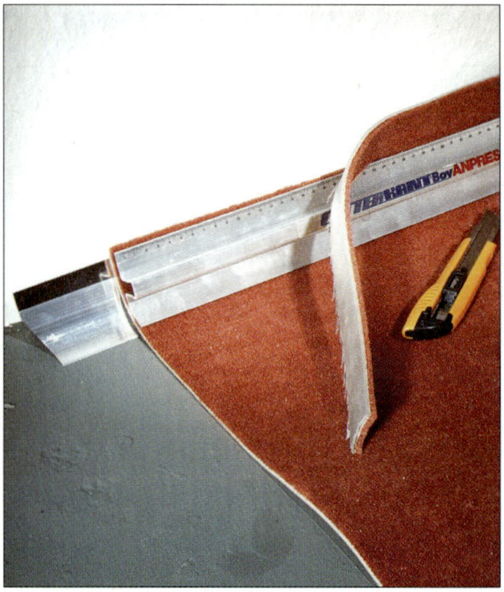

Eine Schneidhilfe für gerade Kanten ist die Cutter-Kantschiene. Der Teppich wird zwischen die beiden Schienen gelegt, entlang der Oberkante der Schiene wird geschnitten.

Wenige oder gar keine Stoßfugen und

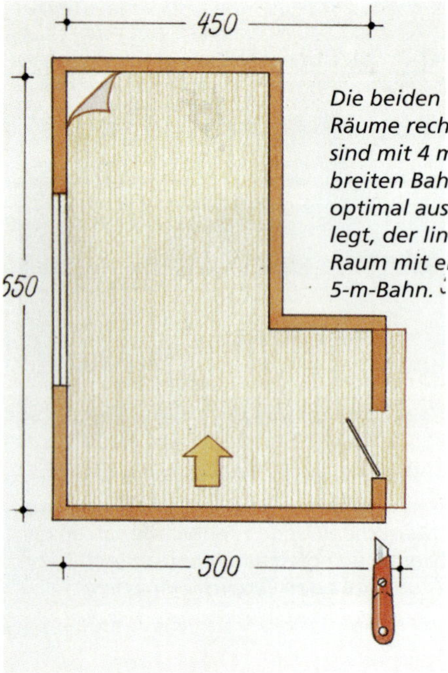

Die beiden Räume rechts sind mit 4 m breiten Bahnen optimal ausgelegt, der linke Raum mit einer 5-m-Bahn.

Nähte zwischen den Teppichbahnen.

Stoßfugen gelingen einwandfrei, wenn beide Bahnen knapp überlappend nebeneinander liegen und mit einem Schnitt entlang der Teppichschiene durchgetrennt werden.

Mit Doppelklebeband können die Stoßfugen dichtgehalten werden. Die eine Bahn wird angeheftet, die zweite Bahn dann ganz dicht daneben auf das Band gedrückt.

so wenig Verschnitt wie möglich: Dann liegt der neue Teppichboden richtig.

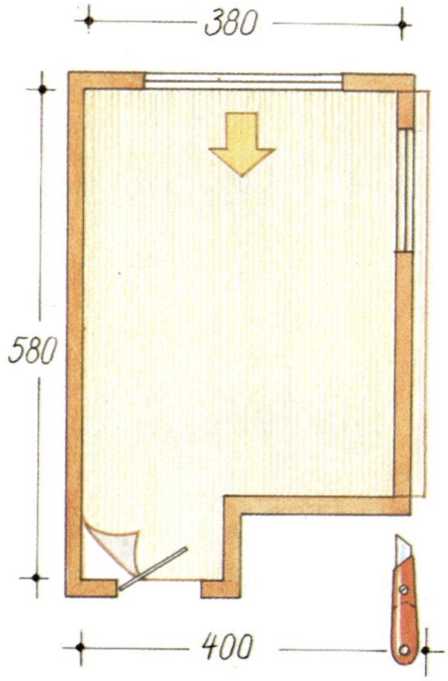

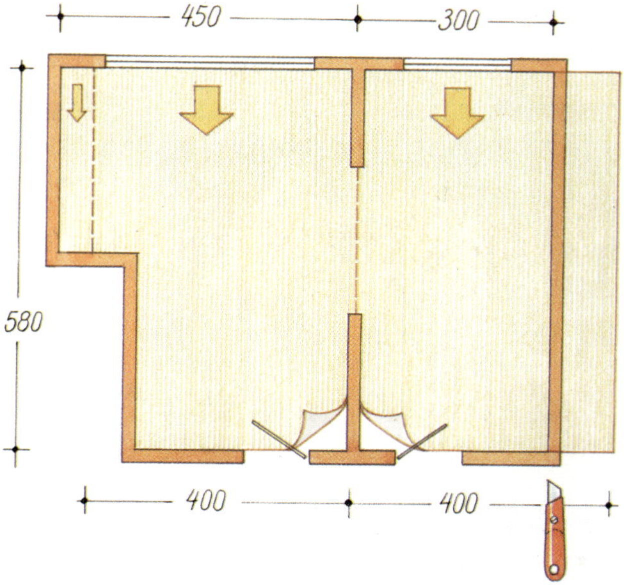

Für jeden Boden

Braune Korkfilzpappe *als Zwischenlage für vollflächig verklebte Teppiche auf Estrich verbessert die Schall- und Wärmedämmung.*

Spanverlegeplatten *gleichen unebene Dielenböden aus. Sie werden mit dem Unterboden verschraubt.*

Geschäumter Kunststoff *zur Trittschalldämmung ist eine Unterlage für eine vollflächige Verklebung und wird mit Klebeband fixiert.*

Soll ein Teppichboden fest verklebt oder nur fixiert werden? Es hängt vom Untergrund ab, welche Technik und welches Mittel gewählt werden.

Wenn die Wahl eines neuen Teppichbodens getroffen ist, steht eine weitere Entscheidung an: Wie soll – und wie kann – der Teppich verlegt werden? Die meisten Teppichböden haben auf der Unterseite einen sog. Schaumrücken: Diese Teppiche können geklebt oder auch nur fixiert werden. Teppiche mit Geweberücken sollten geklebt werden; wenn der Rücken aus Jutegewebe besteht, sollte aber kein wassergelöster Kleber verwendet werden. Da ist die Verlegung mit einem Haftgitter besser.
Man bekommt gebrauchsfertige Kleber und solche, die mit Wasser erst noch angerührt werden müssen. Gemeinsam ist allen wasserlöslichen Klebern, daß später beim Aufnehmen des Teppichs die Beseitigung von Kleberrückständen ganz einfach ist. Seifenlauge beseitigt alle Reste.
Die Tabelle auf der rechten Seite gibt einen Überblick, welche Teppiche und CV-Beläge auf welchem Grund mit welchem Kleber verlegt werden sollten.

Diese Kleber können später restlos entfernt werden.

den richtigen Teppichkleber

Einsatztabelle für vollflächige, wiederaufnehmbare Verklebung

Bodenbelagsarten	*PVC-Nutzböden*	*Linoleum*	*Kunststein, Keramik*
Textile Bodenbeläge mit Planschaumrücken	*Teppich-Verlegenetz*	*Teppich-Verlegenetz*	*Teppich-Verlegenetz*
	Teppich-Fixierung	*Teppich-Fixierung*	*Teppich-Fixierung*
	CV + Universal-Fixierung	*CV + Universal-Fixierung*	*CV + Universal-Fixierung*
	Teppich-Fixierer Pulver	*Teppich-Fixierer Pulver*	*Teppich-Fixierer Pulver*
Mit Prägeschaumrücken	*Teppich-Verlegenetz*	*Teppich-Verlegenetz*	*Teppich-Verlegenetz*
	Teppich-Haftkleber	*Teppich-Haftkleber*	*Teppich-Haftkleber*
	CV + Universal-Fixierung	*CV + Universal-Fixierung*	*CV + Universal-Fixierung*
Mit Zweitrücken	*Teppich-Haftkleber*	*Teppich-Haftkleber*	*Teppich-Haftkleber*
Nadelfilz	*Teppich-Haftkleber*	*Teppich-Haftkleber*	*Teppich-Haftkleber*
CV-Beläge	*Teppich-Verlegenetz*	*Teppich-Verlegenetz*	*Teppich-Verlegenetz*
	CV + Universal-Fixierung	*CV + Universal-Fixierung*	*CV + Universal-Fixierung*

Bodenbelagsarten	*Holzdielen* Parkett* Spanplatten**	*Estriche gespachtelt*	*festverklebte und abgenutzte textile Bodenbeläge sowie Nadelfilz*
Textile Bodenbeläge mit Planschaumrücken	*Teppich-Verlegenetz*	*Teppich-Verlegenetz*	*Teppich-Verlegenetz*
	Teppich-Fixierung	*Teppich-Fixierung*	
		CV + Universal-Fixierung	
Mit Prägeschaumrücken	*Teppich-Verlegenetz*	*Teppich-Verlegenetz*	*Teppich-Verlegenetz*
	Teppich-Haftkleber	*Teppich-Haftkleber*	
	CV + Universal-Fixierung	*CV + Universal-Fixierung*	
Mit Zweitrücken	*Teppich-Haftkleber*	*Teppich-Haftkleber*	*Teppich-Verlegenetz***
Nadelfilz	*Teppich-Haftkleber*	*Teppich-Haftkleber*	
CV-Beläge	*Teppich-Verlegenetz*	*Teppich-Verlegenetz*	
	CV + Universal-Fixierung	*CV + Universal-Fixierung*	

** auf Wasserverträglichkeit prüfen   ** bedingt, abhängig von der Rauheit der Teppichbodenunterseite*

Teppich-Verlegenetz:
- *Verhindert Wellen und Faltenbildung.*
- *Wiederaufgenommene Bodenbeläge bleiben unbeschädigt.*

Teppich-Fixierung, lösungsmittelfrei, Teppich-Haftkleber und Universal-Fixierung, lösungsmittelarm:
- *Gebrauchsfertige, wasserlösliche Fixierungen, wiederaufnehmbar.*
- *Kein Voranstrich erforderlich.*

Teppich-Fixierer „Pulver", lösungsmittelfrei:
- *Einfach anrühren und anschließend auftragen.*
- *Leicht und rückstandsfrei zu entfernen.*

Der Untergrund bestimmt

Die Art und Weise, wie ein neuer Teppichboden verlegt wird, hängt auch von der Beschaffenheit des Untergrunds ab. Dafür hier einige Empfehlungen.

Mit der Entscheidung für einen neuen Teppichboden in der Wohnung ist auch zu klären, wie denn der Teppich zu verlegen ist (wenn man diese Arbeit selber erledigen will). Die Art der Verlegung und die dafür verwendeten Mittel und Materialien hängen davon ab, auf welchem Untergrund verlegt werden soll und wie der Untergrund beschaffen ist. Für die Wahl der Verlegemethode ist dabei in einer Mietwohnung aber auch wichtig, zu wissen, wie fest die Verbindung zwischen Teppichboden und Untergrund sein darf – ob also beim späteren Auszug aus der Wohnung der ursprüngliche Zustand des Fußbodens ohne Mühe wiederhergestellt werden kann.

Der Fußboden als Spielplatz, da ist ein Teppichboden gerade im Kinderzimmer wohl die erste Wahl. Hier kann schon einfaches Klebeband den Bodenbelag ausreichend sicher fixieren.

die Verlegemethode

Der Teppichboden ist gekauft. Jetzt ist zu entscheiden, mit welchem Kleber auf dem vorhandenen Untergrund der neue Belag verlegt werden soll.

Ganz einfach ist das **Verlegen** auf ebenen

Teppich auf PVC oder Linoleum verlegt: schnell und sauber

Drei Sorten Klebeband stehen zur Auswahl, da läßt sich für jede Anforderung das richtige Haftmittel für den Teppichboden finden.

Vorausgesetzt, der vorhandene PVC- oder Linoleumbelag liegt noch fest und ohne Beschädigungen auf dem Unterboden, dann ist es eine leichte Arbeit, darauf einen Teppich zu verlegen. Denn der alte Bodenbelag bildet als ebene Fläche die Voraussetzung für einen makellosen neuen Bodenbelag. Die Bodenfläche ist gründlich zu reinigen und mit Waschbenzin zu entfetten (für ausreichende Lüftung sorgen!), dann werden Streifen von Klebeband entlang den Wandkanten und in Abständen von etwa einem Meter parallel auf den Untergrund geklebt. Der Teppich wird zugeschnitten und nach und nach an den Klebebändern festgeklebt.

und glatten Untergründen.

Teppich auf Holzdielen: mit Ausgleich für die Unebenheiten

Ein alter Dielenboden weist meistens mehr oder weniger breit klaffende Fugen und Höhenunterschiede zwischen den einzelnen Brettern auf. Da muß erst einmal ein absolut ebener Untergrund für den neuen Teppichbelag geschaffen werden. Auf den Dielen wird erst ein etwa 6 mm dicker Jutefilz ausgelegt, darüber schaffen Pavafloor-Holzfaserplatten, mit Nut und Feder verleimt, eine plane Fläche. Darauf kann nun der Teppichboden mit lösemittelfreiem Kleber befestigt werden. Der Kleber wird mit einem Zahnspachtel aufgestrichen; nach dem Ablüften wird der zuvor passend zugeschnittene Teppichboden ausgerollt und fest angedrückt.

Lösemittelfreier Kleber sollte da verwendet werden, wo allergische Reaktionen auf konventionelle Lösemittel zu erwarten sind.

Unebene **Untergründe** brauchen immer

Estrich als Untergrund für den Teppich: mit Fließspachtel glätten

Mit der Rolle wird die Teppichfixierung auf dem geglätteten Estrich-Untergrund gleichmäßig dünn aufgetragen.

Im Neubau findet der Selbermacher einen Estrich-Rohboden vor, auf dem der Teppich verlegt werden soll. Dieser Untergrund ist aber nie so glatt, daß darauf ohne weiteres verlegt werden kann. Weil selbst feine Unebenheiten sich später im Teppichbelag abzeichnen könnten, muß der Rohboden mit einem Fließspachtel egalisiert werden. Diese dünnflüssige Spachtelmasse verläuft nach dem Aufgetragen zu einer spiegelglatten Fläche. Wenn man sich das spätere Erneuern des Teppichs erleichtert will, verwendet man eine Teppichfixierung, die eine leicht lösbare, aber doch sichere Verbindung mit dem Untergrund herstellt.

eine sorgfältige Vorbehandlung.

Pure Natur im ganzenTeppich

Teppichqualitäten, die im Flor wie in der Trägerschicht aus Schurwolle bestehen, können auf jede beliebige Art und Weise verlegt werden, so wie es auf den vorhergehenden Seiten beschrieben worden ist.

Fest verlegt auf Spanplatten als Zwischenboden

Soll unterm Dach neuer Wohnraum entstehen, muß oft erst einmal ein Fußboden geschaffen werden. Denn entweder findet man als Untergrund nur das Balkenwerk ohne jede Abdeckung vor, oder auf den Balken sind zwar Holzdielen verlegt – aber die weisen viele Unebenheiten auf. Hier sind auf den Balken bzw. auf den Dielen erst einmal Fußbodenverlege-Platten zu befestigen. Diese speziellen Spanplatten weisen ringsum Nut und Feder auf und werden fest miteinander verleimt, so daß eine plane, in sich stabile Unterlage für den Teppichboden entsteht. Nach einem Voranstrich mit Tiefengrund wird üblicher Teppichbodenkleber aufgetragen.

Eine sehr feste Verbindung geht der Kleber mit den Spanplatten ein, die zuvor jedoch mit Tiefengrund behandelt werden müssen.

Den neuen Teppichboden

Sollen große Flächen schnell und rutschfest verlegt werden, sind doppelseitig klebende Folien eine gute Lösung.

Das Haftgitter *gibt es in 1 m breiten Bahnen, die mit einer Schere ganz leicht auf die benötigten Maße geschnitten werden.*

Die weiße Seite *der Gitterfolie liegt unten, wenn sie ausgerollt und partienweise auf die Raumgröße und -form zugeschnitten wird.*

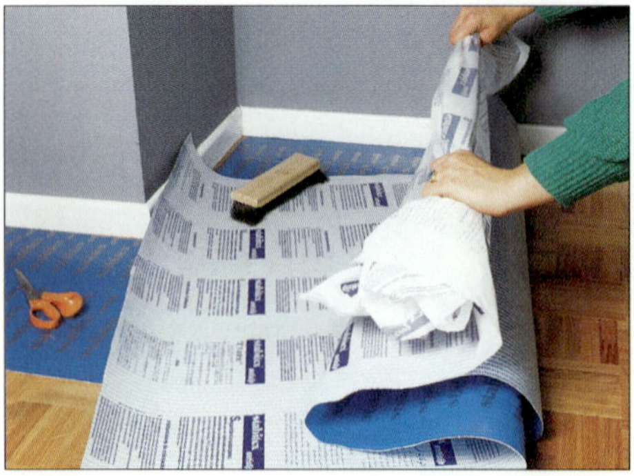

Die weiße Folie *wird abgezogen, nachdem die Bahn zugeschnitten worden ist. Nun ist die Folie fest mit dem Boden verbunden.*

In der Nahaufnahme *erkennt man die Struktur des Gitters, dessen beide Klebeschichten durch zwei Folien geschützt sind.*

mit Klebefolie fixieren

Teppichböden müssen so sicher liegen, daß sie nicht rutschen. Das wurde früher allein durch vollflächiges Verlegen erreicht. Heute geht das einfacher.

Nicht überall kann der Teppichboden nach der sichersten Methode, dem vollflächigen Verkleben, verlegt werden. In der gemieteten Wohnung zum Beispiel, die einen Bodenbelag aufweist, den der Vermieter auch erhalten möchte, an dem der Mieter also keine Änderungen vornehmen soll. Da kann zwar das lose Auslegen eines raumgroßen Teppichbodens, der lediglich an den Rändern durch schmale Klebebänder fixiert wird, eine Lösung sein. Aber mit der Zeit werden sich Falten und Wellen in den Bereichen zeigen, die nicht fest mit dem Untergrund verbunden sind.
Hier bietet es sich an, doppelseitig klebende Folien oder Gittermatten einzusetzen. Sie stellen eine großflächige und feste Verbindung zwischen dem Untergrund und dem Teppichbelag her, so daß auch beim Verschieben von Möbeln oder bei der Benutzung von Stühlen mit Rollen keine Falten und Wellen entstehen. Wenn der Mieter aus der Wohnung auszieht, kann er den Teppichboden sehr leicht aufnehmen – und anschließend auch die Folie oder das Gitter vom ursprünglichen Bodenbelag ablösen, ohne daß irgendwelche Spuren zurückbleiben.
Die Klebeschichten der Folien und Gitter sind so wirksam, daß sie nach dem Aufnehmen in der neuen Wohnung ein zweites Mal verwendet werden könnten. Allerdings müßten die beiden Klebeschichten dann durch geeignete Folien oder Papiere geschützt werden.

Liegt das Gitter paßgenau zugeschnitten auf dem Boden, kann vorsichtig auch die obere Schutzfolie abgezogen werden.

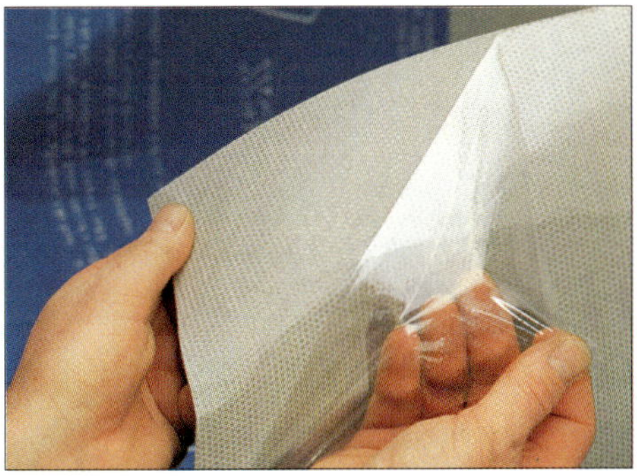

Die Folie weist eine glatte und eine genoppte Klebeschicht auf: Die genoppte Seite liegt unten und gleicht Unebenheiten aus.

Eine Zwischenlage aus Kork oder Filzpappe kann ebenfalls mit der Folie verlegt werden. Der Teppich selbst wird darauf geklebt.

Ein neuer Teppichbelag für

Eine Treppe im Altbau wie im neuen Haus kann durch einen Teppichbelag gewinnen: Sie wird schöner und zudem auch viel leiser.

die Treppe aus Holz

Treppen mit harten Stufen sind die lautesten Stellen in einem Haus. Ein Teppichbelag macht die Treppe nicht nur leiser, sondern auch sehr viel schöner.

Im Einfamilienhaus werden die Treppen zwischen den Etagen viel stärker als die übrigen Gehflächen in den Räumen beansprucht. Das sieht man ihnen nach einiger Zeit auch an. Besonders Stufen aus Holz können trotz bester Pflege Alterserscheinungen zeigen. Ein neuer Teppichbelag kann die Treppe sichtbar verjüngen. Er sorgt aber auch durch wirksame Schalldämmung für eine bessere Wohnqualität. Gehgeräusche sind kaum noch zu hören – und man geht außerdem angenehmer auf dem weichen Teppichflor.
Es gibt spezielle Auslegeware mit dem Prädikat „treppentauglich“: Diese Teppiche sind besonders dicht gewebt bzw. getuftet, so daß man sie um die Stufenkanten biegen kann, ohne daß sich der Flor öffnet. Bei geradläufigen Treppen kann man die Stufen mit einer einzigen, in der Breite passend geschnittenen Bahn belegen; man kann Tritt- und Setzstufen aber auch jeweils mit einzelnen Stücken belegen, deren genaues Maß erst nach dem Verlegen zugeschnitten wird.
Der Teppich muß auf einer Treppe besonders fest liegen. Jede Trittstufe erhält deshalb vorn und hinten, jede Setzstufe oben und unten je einen Klebstreifen. Auch an den Seitenkanten sollten Klebstreifen den Teppichbelag fest mit dem Untergrund verbinden, denn hochstehende Ecken und Kanten des Teppichs könnten gefährliche Stolperfallen werden. Man arbeitet übrigens am besten von oben.

Doppelklebeband soll dem neuen Belag sicheren Halt geben: Je einen Streifen an den Kanten der Tritt- und Setzstufen anbringen.

Der Teppich muß genau ausgerichtet und zugeschnitten werden, erst dann zieht man das Schutzpapier vom Klebeband.

Muß gestückelt werden, legt man die Naht ans untere Ende der Setzstufe. Dort fällt sie nachher am wenigsten auf.

Teppichreinigung: So bleibt der Boden lange schön

Staubsaugen, rasches Entfernen von Flecken oder eine Grundreinigung tragen dazu bei, daß ein Teppichboden nicht nur länger schön aussieht, sondern auch länger hält.

Bei richtiger Pflege und schonender Behandlung kann man auch an preiswerteren Teppichen lange seine Freude haben. Die richtige Pflege beginnt schon beim regelmäßigen Staubsaugen. Dabei wird vor allem Sand entfernt, der Flor und Trägermaterial des Teppichs beschädigen kann. Zur angemessenen Behandlung des Bodenbelags gehört auch, daß Flecken möglichst schnell entfernt werden, ehe sie eintrocknen und dann nur mit erheblichem Aufwand zu beseitigen sind. Schließlich sollte dem Teppichboden alle paar Jahre eine Grundreinigung mit einem Sprühsauger und einem dazu empfohlenen Schaumreiniger verordnet werden. Dadurch wird alle „Patina“ beseitigt, und es kann gleich ein Teppichschutz aufgesprüht werden.

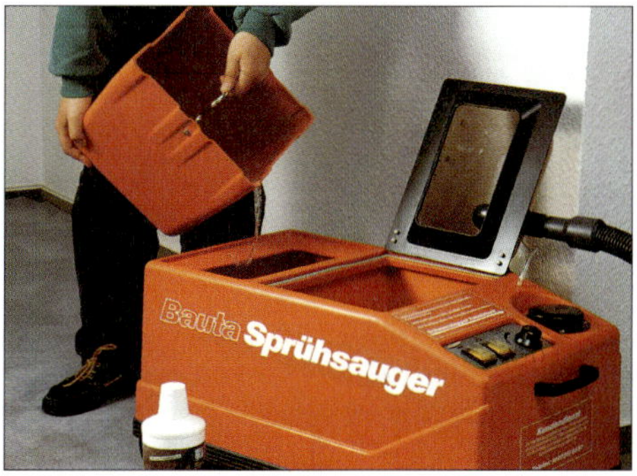

Die Grundreinigung alle paar Jahre macht einen Teppichboden wieder wie neu, läßt die Farben wieder leuchten.

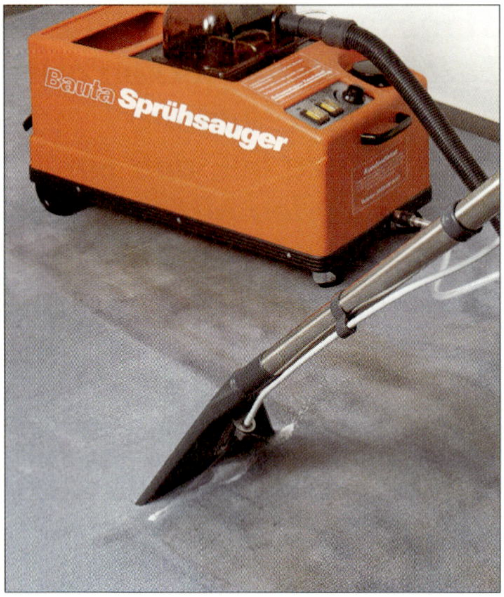

Sprühen und Saugen in einem Arbeitsgang: Der Schmutz wird gelöst und gleich abgesaugt, nur wenig Feuchtigkeit kann dabei in den Teppichboden eindringen.

Das Schmutzwasser wird in einem Behälter gesammelt, der zum Entleeren herausgenommen wird. Die Wasserfarbe zeigt, wie wirksam das Gerät gearbeitet hat.

Grundreinigung ganz einfach

Auch wenn auf einem Teppichboden kein Schmutzfleck zu sehen ist, wird der Bodenbelag schon nach wenigen Jahren eine gründliche Reinigung brauchen. Ein Grauschleier legt sich trotz regelmäßiger Pflege auf die Farben und beeinträchtigt vor allem an stärker benutzten Stellen das Aussehen des Teppichs. Eine gründliche Naßreinigung bringt die ursprüngliche Schönheit zurück. Dazu braucht man einen Sprühsauger, den man im Baumarkt ausleihen kann, sowie die Mittel zur Vor- und Hauptreinigung.
Erkennbare Flecken und stärker verschmutzte Stellen werden am besten vorbehandelt, ehe dann die ganze Fläche

zu seiner restlosen Beseitigung.

gereinigt wird. Im Sprühsauger werden der Hauptreiniger und lauwarmes Wasser gemischt; die Bodendüse wird dann wie die Düse eines normalen Staubsaugers über den Boden geführt. Dabei wird die Reinigungsflüssigkeit ausgesprüht; sie verbindet sich mit dem Schmutz und wird sofort wieder aufgesaugt. Die Feuchtigkeit dringt also kaum in den Teppich ein, er ist deshalb schon nach kurzer Zeit wieder trocken und kann auch bald wieder begangen werden. Zuvor aber sollte noch ein Teppichschutz aufgesprüht werden, der weitgehend verhindert, daß der Bodenbelag zu schnell wieder schmutzig und unansehnlich wird.

Für die Reinigung und Pflege eines Teppichs sind zahlreiche Mittel entwickelt worden.

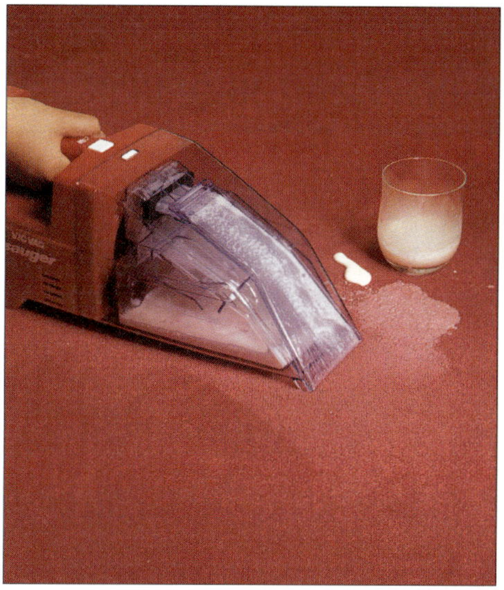

Verschüttete Flüssigkeiten müssen schnell aufgenommen werden. Das geht mit Tüchern oder mit einem akkugetriebenen Fleckensauger wie dem hier abgebildeten Gerät.

Das ist die andere Funktion des Fleckensaugers: Er verteilt auf Knopfdruck Fleckentferner auf einem Schmutzfleck und massiert ihn mit rotierender Bürste ein.

Jeden Flecken **sofort behandeln,**

Der Vorreiniger kann auch bei der Behandlung einzelner Flecken angewendet werden. Damit lassen sich besonders hartnäckige Schmutzspuren sehr gut anlösen.

Tintenflecken gibt es heute dank der Tintenpatronen nur selten. „Ziert" ein solcher Flecken den Boden, ist er mit Fleckentferner zu besprühen und dann abzutupfen.

Schnelles Handeln ist angesagt

Tropft eine Flüssigkeit auf den Teppich, dann sollte sie sofort mit einem saugfähigen Tuch oder Schwamm behutsam abgetupft werden. Handelt es sich um einen Wasserflecken, ist die Angelegenheit damit in aller Regel auch schon erledigt. Denn Wasser färbt bzw. entfärbt nicht. Allenfalls muß man den Rand des Fleckens ein wenig verreiben. Ist Dickflüssiges auf den Teppich getropft (z. B. Honig, Marmelade, Senf oder Ketchup), dann ist diese Masse mit einem Messer vorsichtig abzuheben; der verbleibende Rest wird mit lauwarmem Wasser beseitigt. Um fett- oder ölhaltige Flecken zu beseitigen, nimmt man Waschbenzin oder spezielle Fleckentferner zu Hilfe. Die verschmutzte Stelle wird damit beträufelt oder besprüht; mit einem saugfähigen Papier oder Tuch ist der gelöste Schmutz vorsichtig abzutupfen.
Am häufigsten bekommt man es wohl mit Rotwein- oder Kaffeeflecken zu tun, denn aus einem Glas oder einer Tasse wird eher etwas verschüttet, als daß Tinte oder Schuhcreme auf den Teppichboden gelangen. Teppichfasern aus Kunststoff sind solchen Flecken gegenüber ziemlich unempfindlich. Meistens verschwindet der Wein- oder Kaffeeflecken, wenn man die betreffende Stelle mit einem satt mit Neutralseife und etwas Wasser getränkten Tuch oder Schwamm zunächst betupft und dann vorsichtig abreibt. Zusätzlich kann der Teppich mit einer harten Bürste nachgerieben werden.
Einen Tintenflecken bekommt man auf diese Weise nicht los. Hier muß die verfärbte Stelle mit Fleckentferner besprüht werden; nach einiger Zeit kann man mit einem sauberen Tuch den Teppichflor abtupfen. Ähnlich geht man vor, wenn

dann ist die Reinigung noch am einfachsten.

man Spuren von Schuhcreme oder auch von Dosenmilch zu beseitigen hat. Flüssiges wird erst mit einem saugfähigen Tuch oder Papier vorsichtig abgetupft, ehe man mit einem Fleckentferner den verbleibenden Rest der Verfärbung anlöst und nach einiger Zeit mit einem saugfähigen Tuch, Papier oder Schwamm vorsichtig abtupft. Bei all diesen Behandlungen gilt: eher nur tupfen statt reiben, erst wenn der eigentliche Flecken entfernt ist, kann durch Reiben ein Übergang zwischen der behandelten Stelle und der übrigen Fläche hergestellt werden. Bleibt dennoch ein heller Fleck zu deutlich sichtbar, sollte der ganze Boden mit einem Sprühsauger von Grund auf gereinigt werden.

Dosenmilch *kann, wenn sie ganz frisch behandelt wird, oft schon mit Feinwaschlauge beseitigt werden. Lösemittelfreier Fleckentferner hilft aber auch zuverlässig.*

Schuhcreme *wird mit Terpentinersatz oder Fleckentferner angelöst und dann mit Tuch, Papier oder Schwamm aufgesaugt. Den Fleck abtupfen und nicht zu stark reiben.*

Fällt das Brötchen mit der Butterseite auf den Teppichboden, ist der Belag mit einem Messer vorsichtig abzuheben, ehe der Rest mit einem üblichen Fleckentferner nachbehandelt wird.

Schäden im Teppichboden

So kann es nach einer Party schon mal aussehen: Flecken und Brandlöcher sind kein Schaden für immer, sondern lassen sich ohne großen Aufwand wieder ausbessern.

Oberflächliche Verschmutzungen sind leicht zu beseitigen. Farbflecken oder Brandlöcher müssen jedoch durch Ersatzflicken unsichtbar gemacht werden.

Grundsätzlich gilt: Man kann in jeden Teppichboden Flicken einsetzen. Also sowohl bei fest verklebten als auch bei lose verlegten oder mit Klebeband beziehungsweise mit Folie oder Gitter fixierten Belägen. Um mit demselben Material ausbessern zu können, muß man natürlich beim Auslegen des Teppichs einen Rest zurücklegen und für den Fall einer Reparatur aufbewahren. Ist das unterblieben, kann aber ein Trick helfen: Man schneidet ein Ersatzstück aus einem Bereich des Bodenbelags, wo es nicht auffällt. Unter einem Schrank oder einem Bett zum Beispiel. Bei flächig verklebtem Teppichboden ist das manchmal schwierig, aber nicht unmöglich. Wichtig ist, daß beim Lösen des Ersatzflickens der Schaumrücken nicht zerstört wird.

Die Werkzeuge für das Ausbessern: Lineal, Cutter, Kreisschneider (oder ein Topfdeckel), Locheisen, ein Hammer und Klebeband.

Der Ersatzflicken ist zunächst etwas größer zuzuschneiden. Er wird auf die Schadenstelle gelegt, ausgerichtet und gemeinsam mit dem alten Material geradkantig ausgeschnitten.

Den Untergrund reinigen, ein Stück Klebeband auf die Unterseite des Flickens aufziehen: dann kann der Flicken eingesetzt und mit dem Hammer festgeklopft werden.

Perfekte Tarnung der Reparatur

Muß ein Schaden an einer Stelle mitten im Wohnzimmer, an einem besonders auffälligen Platz also, ausgebessert werden, dann wird man dafür sorgen, daß die Ausbesserung nachher so wenig wie möglich zu sehen ist. Eine perfekte Tarnung setzt voraus, daß der Austauschflicken nicht nur in Material und Farbe mit der auszubessernden Stelle übereinstimmt, sondern daß auch die Strukturen der Oberfläche identisch sind. So wird zum Beispiel bei einem Velours der Flor nach längerer Benutzung des Teppichbodens immer nach einer Seite geneigt sein: Ein Ersatzflicken wird nur dann unauffällig sein, wenn sein Flor bei leichtem Druck von oben in dieselbe Richtung „umkippt". Bei einer Schlingenware müssen natürlich die Schlingenreihen im Flicken parallel zu denen in der Umgebung verlaufen – und man muß darauf achten, daß sie in Flucht stehen beziehungsweise nicht versetzt angeordnet sind.
Man kann beim Einsetzen eines Flickens aber auch ganz anders vorgehen. Wenn zum Beispiel im Kinderzimmer oder im Flur Schäden auszubessern sind, dann könnte man sich auch für besonders auffällige Kontraste entscheiden. Dort könnte zum Beispiel ein in der Farbe – aber nicht im Material – abweichender Flicken eingesetzt werden. Der Flicken könnte in einer besonders auffälligen Form zugeschnitten werden. Und man könnte nicht nur an der Schadenstelle selbst ein Ersatzteil einsetzen, sondern mit mehreren Flicken ein Muster entstehen lassen: Fußabdrücke könnten im Flur den Weg zum Wohnzimmer weisen, im Kinderzimmer könnten Umrisse von Früchten und Blüten den Bodenbelag zieren.

später nicht mehr zu sehen sein.

Ein Apfel löst den Farbflecken im Kinderzimmer ab: eine Schablone erleichtert den Zuschnitt.

Doppelklebeband *gibt dem Ersatzstück im Teppichboden festen Halt – aber nur dann, wenn Rundungen und vor allem auch Spitzen lückenlos mit Klebeband versorgt sind.*

Witzige Formen *zeigen eine Ausbesserung zwar an, wirken aber nicht als Notbehelf. Für den Zuschnitt muß immer eine Schablone aus Hartfaserplatte oder Karton benutzt werden.*

So werden **kreisrunde Flicken** genau

Anstelle des Kreisschneiders kann auch eine Dose als Schnittschablone für Kreise dienen.

***Für kleine Flecken** (wie etwa Brandlöcher) reicht das Ausstanzen des Flickens mit einem Locheisen. Solche Werkzeuge gibt es in verschiedenen Durchmessern.*

***Größere Flicken** können auch mit einem Topfdeckel zugeschnitten werden – aber immer auf einem Brett als Unterlage, damit der Teppichflor nicht ausfranst.*

Druckstellen ausbessern

Manchmal können schon Druckstellen den Gesamteindruck eines Teppichbodens beeinträchtigen. Da wird es nicht notwendig sein, einen neuen Flicken einzusetzen. Zuweilen kann es schon genügen, den Flor mit einem Schraubendreher mehrere Male gegen den Strich zu bearbeiten. Oder man kann den Flor mit Dampf, aus einem Dampfbügeleisen oder mit einem feuchten Tuch an einem normalen Bügeleisen erzeugt, weich und geschmeidig machen und durch kräftiges Nachbürsten dann wieder aufrichten. Die am stärksten strapazierte Stelle im Flur, gleich hinter der Eingangstür, wird aber doch nur durch einen neuen Flicken, einen auffälligen Schmutzfänger, auszubessern sein.

Ein „Schuhabstreifer" hinter der Eingangstür kann bei Bedarf gegen ein neues Stück Teppich ausgewechselt werden. So bleibt diese Stelle immer ansehnlich.

Dampf, mit einem Bügeleisen auf den Flor des Teppichs aufgebracht, macht die Fasern weich, so daß sie anschließend mit einer harten Bürste aufgerichtet werden können.

Mit einem Schraubendreher oder einem Messerrücken kann man an Druckstellen gegen den Strich reiben, um die niedergedrückten Teppichfasern aufzustellen.

Robuste und pflegeleichte

Sie sind strapazierfähig und pflegeleicht – und inzwischen durch modische Dessins und Farben auch für Böden im Wohnbereich gut geeignet.

Überall da, wo man es in der Wohnung im wahrsten Sinn klinisch rein haben möchte, ist ein Kunststoffbodenbelag aus PVC eine gute, wenn nicht die beste Wahl. Denn die Oberfläche dieses Materials ist glatt und porenlos: Da ist einwandfreie Pflege schon ohne großen Aufwand möglich.
War früher ein geflecktes Grau oder die Imitation anderer Materialien wie Holz, Marmor oder Fliesen das Charakteristikum der PVC-Böden, so wird heute eine bemerkenswert große Auswahl an fantasievollen, modernen Dessins angeboten. Da PVC-Beläge (oder CV-Böden, wie sie heute genannt werden) in etwa 2 mm dicken Bahnen mit bis zu 4 Metern Breite hergestellt werden, kann in vielen Räumen mit einer Bahnenbreite die ganze Bodenfläche belegt werden. Wo ausnahmsweise 2 Bahnen verlegt werden müssen, sollte die Naht durch Verschweißen wasserdicht geschlossen werden.
PVC (die Abkürzung von Polyvinylchlorid) enthält nicht nur in geringen Mengen Vinylchlorid, sondern besteht etwa zur Hälfte aus Farbstoffen, Weichmachern und Füllstoffen. Es ist ein ökologisch nicht unbedenkliches Material, da es vor allem beim Verbrennen giftige Stoffe freisetzt. Im alltäglichen Gebrauch besteht allerdings keinerlei Risiko, da sind seine Nutzeigenschaften durchaus positiv zu bewerten. Für den Selbermacher ist wichtig: PVC-Beläge sind leicht zu verlegen.

Schmutz vom Garten oder Balkon kann diesem PVC-Bodenbelag nichts anhaben. Reinigung und Pflege sind einfach.

Bodenbeläge aus PVC

Eine große Auswahl an frischen Farben und reizvollen Strukturen wird heute angeboten: PVC-Beläge haben richtig Charakter bekommen.

Homogene oder **Verbundbeläge:** Die

An Wohnlichkeit *können es die modernen Kunststoffbeläge durchaus mit Belägen aus anderen Materialien aufnehmen.*

Auch geprägte Oberflächen sind absolut dicht, darum hygienisch und leicht zu pflegen.

PVC kann sehr wohnlich sein

Weil PVC- oder CV-Böden nicht länger nur auf Nebenschauplätzen in einer Wohnung (wie etwa Flur und Küche) verwendet werden sollen, hat dieses Material in den letzten Jahren eine bemerkenswerte Wandlung durchgemacht. Vor allem die sog. heterogenen oder Verbundbeläge zeigen sich mit vielen unterschiedlichen Oberflächen. Diese Beläge sind aus mehreren Schichten aufgebaut: Zuunterst befindet sich ein Kompaktrücken, darüber eine stabilisierende, durch ein Vlies armierte PVC-Schicht, darauf eine elastische Schaumschicht, und ganz oben liegt die nur knapp 0,3 mm dicke Nutz- oder Verschleißschicht. Diese Nutzschicht wird in einem speziellen Verfahren eingefärbt und bedruckt, zuweilen auch noch antistatisch und schmutzabweisend imprägniert. Daneben gibt es homogene Beläge, die ganz durchgefärbt sind – und deshalb nicht so viele Dessins und Farben wie Verbundbeläge zeigen. Dafür sind sie in höchstem Maß strapazierfähig und für sehr stark beanspruchte Räume geeignet.

Das Verlegen *von PVC-Böden beginnt immer mit dem Glätten des Untergrundes durch Fließspachtel.*

Auswahl bietet für jeden Zweck etwas.

Das Zuschneiden ist nicht allzu schwierig, da ein Teppichmesser genügt, das an einer Metallschiene entlang geführt wird.

Beim Einpassen in Nischen und Winkel nimmt man ein Werkzeug zu Hilfe, damit die Bahn lückenlos an der Begrenzung anliegt.

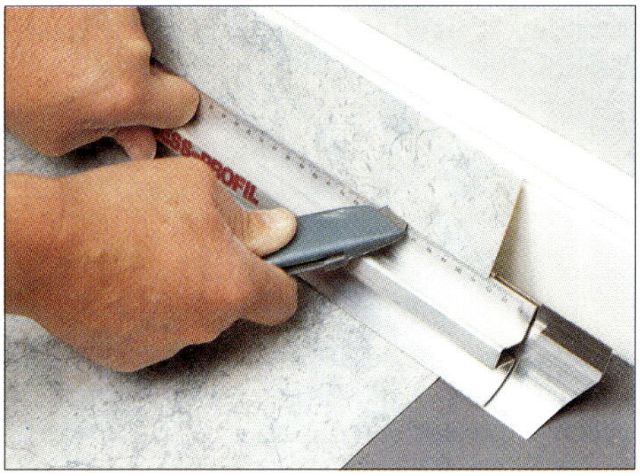

Der „Cutter-Kant-Boy" ist eine sehr gute Hilfe beim Schneiden der Ränder: Zwischen zwei Schienen wird der Belag sauber getrennt.

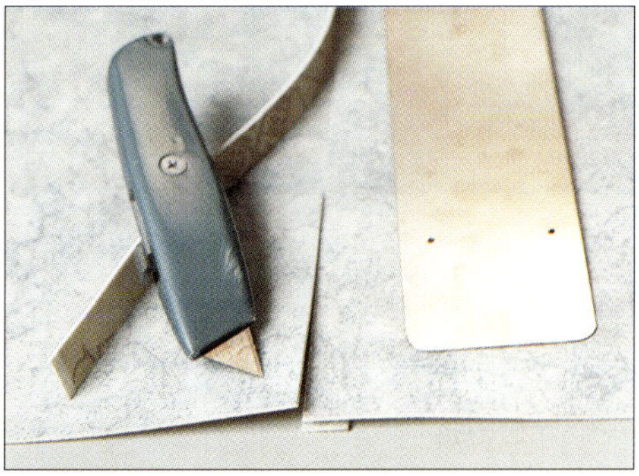

Die Naht zwischen zwei Bahnen wird mit Überlappung an einer Stahlschiene zugeschnitten. So wird sie perfekt.

Lose verlegte PVC-Bahnen werden durch ein doppelseitiges Klebeband ausreichend sicher mit dem Untergrund verbunden.

Eine vollflächige Verklebung ist aber noch sicherer. Der PVC-Kleber wird mit einem Zahnspachtel auf den Boden aufgetragen.

Die richtige **Verlegung** ist für geschickte

Ein Werkstattboden ist besonderen Belastungen ausgesetzt. Hier wird am besten ein homogener, durchgefärbter Belag verlegt.

Das sind die Werkzeuge zum Verlegen: Zollstock, Stahllineal, Cutter-Kantboy und verschiedene Teppichmesser.

Untergrund richtig vorbereiten

Wie bei allen dünnen Bodenbelägen setzt auch die Verlegung des nur etwa 3 mm dicken PVC-Materials einen einwandfrei ebenen, trockenen, festen und staubfreien Untergrund voraus. Es ist daher einige Sorgfalt darauf zu verwenden, den Zustand des vorhandenen Bodens (nach Entfernen des vorigen Belags) gründlich zu prüfen – und geeignete Ausbesserungen vorzunehmen, wenn dies nötig ist.
Auch bei scheinbar einwandfreien Untergründen können geringe „Buckel" oder Vertiefungen später die Wirkung des neuen Belags beeinträchtigen: Es kostet sicher etwas mehr und nimmt auch einige Zeit in Anspruch, den Boden mit Fließspachtel zu überziehen. Aber diese Spachtelmasse gleicht bei sachgemäßer Anwendung alle Unebenheiten aus. Die Wartezeit bis zum Abbinden der Masse muß allerdings einkalkuliert werden: In dieser Zeit darf der Boden natürlich nicht betreten werden.
In Räumen mit weniger als 20 Quadratmeter Bodenfläche kann eine einzelne PVC-Bahn auch lose verlegt werden. Es genügt, den Belag lediglich an zwei aneinanderstoßenden Wänden mit weichmacherbeständigem doppelseitig klebendem Band zu fixieren.
In größeren Räumen wird der Bodenbelag vollflächig mit weichmacherbeständigem Dispersionskleber verklebt. Ganz wichtig ist, daß die PVC-Bahn(en) wenigstens einen Tag lang ausgerollt in dem Raum liegt, damit sich das Material akklimatisieren kann. Und: Beim Verlegen sollte es wenigstens 17° C warm sein.

Selbermacher eine leichte Aufgabe.

Rohrausschnitte *beginnt man mit einem geraden Schnitt, dann folgen zwei Halbkreisschnitte entsprechend der Rohrdicke.*

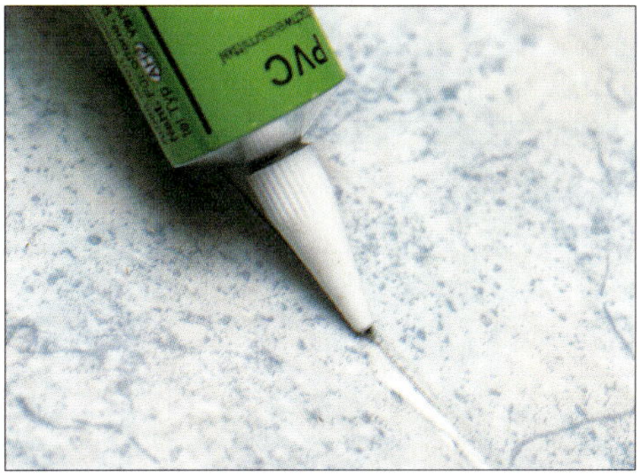

Wasserdicht versiegelt *werden die Nähte zwischen zwei Bahnen mit PVC-Kaltschweißmittel, das etwa 4 mm breit aufgetragen wird.*

Dünne Profilleisten *stellen den Übergang vom PVC-Belag zur Fußleiste her und decken die Kanten des Bodenbelags sauber ab.*

Stolperfallen *am Übergang zu einem anderen Bodenbelag und im Türbereich werden durch aufgesetzte Bodenschienen vermieden.*

Mit Wasser *und einem milden Reinigungsmittel wird der fertig verlegte Boden abgewischt und mit einem Pflegemittel nachbehandelt.*

CV-Kleber *gibt es auch als wassergelöste, wiederaufnehmbare Kleber; sie sind vor allem in Mietwohnungen geeignet.*

Werkraumboden

im Keller mit PVC belegen

Vollflächiges „Verkleben" von PVC-Böden hat mit modernen Fixierungen seinen Schrecken verloren: Beim Aufnehmen bleibt kein Kleberrest am Boden.

PVC ist nach wie vor ein ausgezeichneter Belag für solche Räume, in denen der Boden einiges auszuhalten hat. Zum Beispiel in der Kellerwerkstatt oder im Heizungsraum. Früher indes war das vollflächige Verkleben sozusagen mit dem vorauseilenden Unbehagen verbunden, daß später beim Aufnehmen eines abgenutzten PVC-Belags das Entfernen der Kleberreste überaus mühsam sein würde. Wer heute einen PVC-Belag vollflächig auf dem Boden „verkleben" will, nimmt dafür keinen Kleber mehr, sondern einen PVC-Fixierer. Dieses Mittel hält den Belag zwar zuverlässig fest am Boden; nach dem Aufnehmen des Belags läßt sich später der Fixierer mit warmem Wasser und Spülmittel vom Boden abwaschen. Das mühsame Abtrennen hartnäckiger Kleberreste mit einem Spachtel ist Vergangenheit.
Diese PVC-Fixierer können auf allen möglichen Untergründen eingesetzt werden: Nicht nur auf dem blanken Estrich, wie man ihn üblicherweise im Keller antrifft, sondern auch auf alten PVC-Bahnen, auf Linoleum – und sogar auf versiegeltem Parkett können diese Haftkleber angewendet werden, ohne daß man eine Beschädigung des Untergrunds fürchten müßte. Auch in der Mietwohnung hat man damit die Chance, einen Bodenbelag, der einem nicht gefällt, mit einem aktuelleren Muster oder mit einer besser zur Einrichtung passenden Farbe für die Dauer des Mietverhältnisses zu bedecken.

Unebenheiten müssen ausgeglichen werden. Dünne Fugen werden verspachtelt, größere Unebenheiten mit Fließspachtel geglättet.

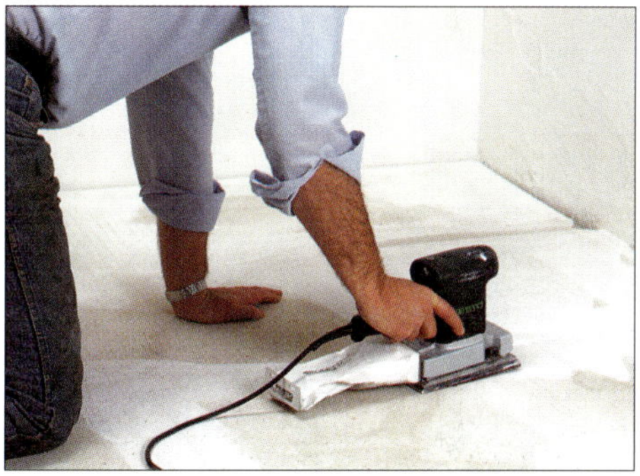

Durch Nachschleifen beseitigt man letzte Grate von Spachtelmasse oder Sandkörner. Danach wird der Boden sorgfältig abgesaugt.

Die PVC-Fixierung wird mit einer Schaumrolle dünn aufgestrichen. Schon eine dünne „Kleber"-Schicht hält den Belag zuverlässig fest.

Die Fixierung hält den Belag ausreichend fest.

Von der Mitte aus *wird die PVC-Bahn (mit etwas Randzugabe) in die Klebschicht eingelegt und fest angedrückt.*

Die zweite Bahn *muß beim Einpassen sehr behutsam angedrückt werden; die Fixierung hält den Belag nämlich sofort fest.*

Der Randüberstand *kann nach dem kantengenauen Abschneiden auch als „Fußleiste" an die Wand geklebt werden.*

Feste Haftung – nicht für ewig

Ein PVC-Belag in Kellerräumen hat entschiedene Vorteile gegenüber dem lediglich mit einer Fußbodenfarbe gestrichenen Estrich. Je nach Farbton der Fußbodenfarbe zeichnen sich früher oder später Spuren von Schuhsohlen oder darüber geschleiften Gegenständen: Der Bodenanstrich ist schon nach viel zu kurzer Benutzung reif für eine Erneuerung. Das kostet Zeit und Materialeinsatz – und da darf schon mal die Rechnung aufgemacht werden, ob es auf lange Sicht nicht billiger wäre, einen PVC-Belag mit einer längeren Lebensdauer dem alle paar Jahre zu erneuernden Anstrich vorzuziehen.

Da PVC-Beläge nicht die Welt kosten und zudem in vielen Farben und Mustern erhältlich sind, spricht einiges für diese Lösung.

Bis vor einigen Jahren war mit dem Verlegen von PVC-Bahnen der Einsatz eines lösemittelhaltigen Klebers verbunden, bei dem man immer auch an die Arbeit denken mußte, die er später bereiten würde, wenn der PVC-Belag wieder entfernt wird. Diese besondere Art der Bodenfixierung ist auch dann von Vorteil, wenn es sich um einen edlen Unterboden, z. B. Marmorfliesen oder Terrazzo, handelt, der durch den PVC-Belag geschützt werden soll. Da die Fixierung rückstandslos entfernt werden kann, eignet sich diese Verlegeart auch in gemieteten Räumen.

Unsere Fotos zeigen einen PVC-Belag, der sich in vielen Werkhallen – und natürlich auch in mancher Heimwerkstatt bewährt hat. Das Noppenmuster belebt auch in einfarbiger Fläche den Boden und behindert die übliche (und gerade in einer Werkstatt) notwendige Reinigung des Bodens überhaupt nicht.

MACHEN SIE DAS BESTE AUS IHREN TOLLEN IDEEN.

Alte Holzböden neu nutzbar machen. Mit NEU AUF ALT!

Für alte Holzböden, die man nicht herausreißen, sondern neu nutzbar machen will, gibt es NEU AUF ALT!, die schnelle, flexible und selbstverlaufende Holzboden-Ausgleichmasse. Sie ersetzt aufwendige und dickschichtige Alternativlösungen. Die Oberfläche ist nach 3 Stunden begehbar und nach 12 Stunden für Folgearbeiten nutzbar.
Verbrauch: 7,5–30 kg/m² (je nach Schichtdicke).

Teppichböden fixieren statt kleben. Mit RUNTER WIE RAUF.

RUNTER WIE RAUF ist eine lösemittelfreie Teppichfixierung: Teppichböden können damit vollflächig verklebt und später leicht und rückstandslos wieder entfernt werden, z.B. bei einem Wohnungswechsel. Die Fixierung des Teppichbodens ist stuhlrollenfest, auch über Fußbodenheizungen.
Verbrauch: 150 g/m².

Unebenheiten am Boden rißfrei ausgleichen. Mit FLIESST & FERTIG EXTRA.

FLIESST & FERTIG EXTRA ist eine selbstverlaufende Spachtel- und Ausgleichmasse. Unebenheiten am Boden von 1–30 mm können in einem Arbeitsgang rißfrei ausgeglichen werden. Die „neue" Bodenfläche ist schon nach 2 Stunden wieder begehbar. Nach 12 Stunden für Folgearbeiten nutzbar.
Verbrauch: 1,5–45,0 kg/m² (je nach Anwendungsgebiet).

LUGATO CHEMIE DR. BÜCHTEMANN GMBH & CO.
Helbingstraße 60–62 · 22047 Hamburg · Telefon 040/6 94 07-0 · Telefax 040/6 94 07-109 + 110

LUGATO

Im Schaufenster: Boden-

beläge aus Naturmaterialien

3

8

Gesunde, natürliche Baustoffe werden heute wieder hochgeschätzt; vor allem bei Bodenbelägen gibt man dem Naturprodukt den Vorzug.

Stellvertretend für eine wirklich große Auswahl hier einige Bodenbeläge, die ausschließlich aus natürlichen Materialien bestehen und damit einen wichtigen Beitrag zum gesunden Wohnen leisten. **1.** Korkparkett besteht aus naturharzverleimtem Schrot, ist elastisch, fußwarm und wirkt trittschalldämmend. **2.** Schafschurwoll-Teppiche sind mit die besten Klimapuffer und können sehr gut die Luftfeuchtigkeit regulieren. **3.** Ziegenhaar weist ähnliche Eigenschaften wie die Schafwolle auf, ist allerdings noch robuster und kann deshalb auch in stärker strapazierten Bereichen verlegt werden. **4.** Linoleum wird aus natürlichen Rohstoffen gefertigt und in Dicken von 2 bis 6 mm angeboten. Es ist pflegeleicht und wasserabweisend, daher auch in Naßbereichen einzusetzen. **5.** Keramikböden werden seit eh und je geschätzt, weil sie unempfindlich gegen Nässe sind. **6.** und **7.** Holzdielen und -parkett sind diffusionsoffen und klimaausgleichend. Beim Einkauf auf die Herkunft aus ökologischer Forstwirtschaft achten. **8.** Filz ist ein wichtiger Dämmstoff im Untergrund.

Kokos und Sisal sind robuste Materialien und sind durch und durch pure Natur.

Klassiker und heute besonders geschätzt: Linoleum, Kokos, Sisal und Kork

Schöne Teppichböden aus

Soviel Natur wie möglich, nur soviel Fremdstoffe wie nötig: Das zeichnet die hier gezeigten Bodenbeläge vor allem aus. Sie haben aber noch mehr Vorzüge.

Die vier Materialien, die wir hier vorstellen, sind schon seit Jahrzehnten bekannt und bewährt. Wachsendes Umweltbewußtsein und die Tatsache, daß immer mehr Menschen unter Allergien leiden, die durch Milben und Feinstäube oder Umweltgifte ausgelöst werden, haben die Nachfrage nach biologisch unbedenklichen Materialien für die Ausstattung der eigenen Wohnung steigen lassen.
Bodenbeläge aus Kork, Linoleum, Sisal und Kokos werden aus natürlichen, zum Teil nachwachsenden Rohstoffen hergestellt. Sie haben von Natur aus viele positive Eigenschaften, die andere Materialien nicht vorweisen können. Sie sind elastisch, dämmen Kälte und Schall, sie sind antistatisch, antibakteriell, sehr verschleißfest und können leicht gereinigt werden.
Auch die Herstellung der meisten (nicht aller) Kork-, Sisal-, Linoleum- und Kokos-Bodenbeläge auf dem Markt orientiert sich an ökologisch unbedenklichen Methoden und meidet Zusätze, die den biologischen Wert des Materials letzten Endes dann doch wieder mindern können. Zu den biologischen und ökologischen Vorzügen kommt, daß solche Bodenbeläge sehr interessante und ausdrucksstarke Strukturen und Muster aufweisen – und seit einiger Zeit sogar in vielen ansprechenden Farben zu haben sind.
Sie verdienen also volle Aufmerksamkeit.

natürlichen Materialien

Kork: fußwarm, dämmend, antistatisch

Linoleum: strapazierfähig, pflegeleicht

Sisal: robust, verträgt aber keine Nässe

Kokos: elastisch, isolierend, preiswert

In Farben und Dessins ist **Linoleum** kaum

Ob klassisch oder modisch: Linoleum wird in einer besonders reichhaltigen Palette von Farben und Dessins angeboten. Da kann die Wahl und Kaufentscheidung schwerfallen.

Linoleum ist über 100 Jahre alt

Ein Kunstprodukt ganz und gar aus natürlichen Rohstoffen: Das ist Linoleum. Vor über 100 Jahren wurde es zum ersten Mal aus dem Gemisch von Leinöl, Harzen, Kork-, Holz- und Sandsteinmehl, Farbpigmenten und Jutegewebe als Träger hergestellt. Das ist bis heute geblieben. Deutlich verändert haben sich mit der Zeit die Farben und die Strukturen des 2 bis 2,5 mm dicken Belags, der in Bahnen von 2 m Breite hergestellt wird. Marmorierte Oberflächen dominieren, daneben werden geflammte, gesprenkelte, aber auch einfarbige Dessins in vielen Farben angeboten. Linoleum hat viele gute Eigenschaften. Es ist schwer entflammbar, weitgehend beständig gegen Chemikalien wie Azeton, Öle, Fette und haushaltsübliche Säuren. Es läßt sich ohne Mühe desinfizieren, kann auch ohne weiteres feucht gewischt werden und darf deshalb auch in Küche und Flur verlegt werden. Es ist allerdings kein Belag für Naßräume, denn zuviel Nässe ließe die Bestandteile des Linoleums aufquellen, der Belag würde seine Form verlieren.
Wie die Warenkennzeichnung auf den Bahnen erkennen läßt, ist Linoleum stuhlrollenfest und kann auch auf Fußbodenheizungen verlegt werden.
Wie bei jedem Bodenbelag, der in einem dünnen Kleberbett verlegt wird, muß der Untergrund trocken, fest, eben, staub- und fettfrei sein. Unebenheiten müssen beseitigt sein, am besten durch einen Fließspachtel oder durch Schleifen.
Sollen größere Flächen mit mehr als einer Bahn verlegt werden, kann der Selbermacher allerdings überfordert sein: Die Nähte müssen mit Spezialwerkzeug verschweißt und dadurch wasserdicht gemacht werden.

Kinderzimmer, Flur und Wohnraum sind Bereiche, für die Linoleum besonders geeignet ist. Sehr beliebt: mehrfarbige Verlegemuster.

Linoleum auf Korkment als Unterboden verlegt: So kann es Trittschall besonders gut dämmen. Das wird man in stark benutzten Bereichen zu schätzen wissen.

Pflegeleicht dank der geschlossenen Oberfläche: Schmutz läßt sich mit einem feuchten Tuch einfach wegwischen. Das mindert auch die Entwicklung von Milben auf dem Boden.

Ein Bodenbelag aus **Sisal** ist hart im Nehmen

Helle Töne überwiegen zwar, aber Sisal läßt sich gut einfärben und steht deshalb auch in vielen schönen Farbtönen wie Flieder, Petrol, Bordeaux, Silber oder Azur zur Wahl.

Äußerst widerstandsfähig

Ein Gewächs, das ohne jegliches Pflanzenschutzmittel wächst und gedeiht, eignet sich wie kaum ein anderes für ökologisch unbedenkliche Bodenbeläge. Sisalfasern werden aus den Blättern einer Agave gewonnen, die in Mexiko, Brasilien und Afrika heimisch ist und gerade auf nährstoffarmen Böden gedeiht. Jedes Jahr wird nur ein Teil der bis zu 120 cm langen Blätter geerntet, und in speziellen Maschinen werden die Fasern vom Blattfleisch getrennt. Nach dem Trocknen und Bürsten werden die Fasern zu Garnen versponnen, aus denen nicht nur Bindfäden und Seile, sondern eben auch Fußbodenbeläge hergestellt werden.
Die Sisalfaser ist sehr glatt und geschmeidig, sie läßt sich deshalb gut färben und weben. Das geschieht meistens schon in den Ursprungsländern; in Deutschland werden die bis zu 3 m breiten Bahnen (sie sind 5 bis 6 mm dick) nur noch veredelt, das heißt auf der Rückseite beschichtet, damit sie eine bessere Maßhaltigkeit bekommen. Hersteller mit ökologischem Anspruch verwenden dafür Naturlatex ohne chemische Schadstoffe; andere Hersteller setzen auch schon mal synthetischen Latex mit Lösungsmitteln, Füllstoffen und Phenol bei. Es lohnt sich, die Volldeklaration für Material, Farbstoff und Rückenbeschichtung genau zu lesen. Bodenbeläge aus Sisal haben eine Menge guter Eigenschaften. Auch wenn sie sich unter nackten Füßen spröde und kratzig anfühlen. Sisal ist überaus strapazierfähig und ist deshalb häufig in Büro- und Ausstellungsräumen zu finden – mehr und mehr aber auch im privaten Wohnbereich. Denn dieser Bodenbelag dämmt gut gegen Trittschall, ist stuhlrollenfest, antistatisch

Reine Natur bietet ein Sisalboden, wenn die Rückseite des Belags mit Naturlatex beschichtet ist. Das Material ist stuhlrollengeeignet.

und besitzt gute antibakterielle Eigenschaften. Sisal kann auch über einer Fußbodenheizung verlegt werden. Nur eine Eigenschaft ist weniger willkommen: Das Material reagiert sehr empfindlich auf Feuchtigkeit. Sogar schon zu hohe Luftfeuchtigkeit läßt die Faser schrumpfen. Die Rückenbeschichtung wirkt dem zwar entgegen, aber wenn der Sisalbelag nicht fest mit dem Boden verklebt und die Kanten zwischen Bahnen vernäht werden, können die Ränder hochstehen, Blitzkanten in den Fugen entstehen. Ein Sisalboden kann deshalb auch nur mit einem leicht angefeuchteten Tuch gereinigt werden, wenn es mal Flecken gibt.
Zum Verkleben sollte konsequenterweise wassergelöster, umweltfreundlicher Dispersionskleber verwendet werden.

Im Wohnzimmer paßt Sisal vielleicht nicht zu jedem Einrichtungsstil – aber es läßt sich wohl zu mehr Stilrichtungen kombinieren, als man meint. Überraschungen beleben ...

Mit einem **Korkboden** gewinnt jeder

Kork zeigt viele Strukturen: Mal ist die Oberfläche sehr feinkörnig, mal grober gekörnt und dunkler. Daneben gibt es Oberflächen mit Schälfurnier – und auch eingefärbte Korkplatten werden angeboten.

Bodenbelag aus der Baumrinde

Was bei der Herstellung von Flaschenkorken übrigbleibt, liegt uns eines Tages zu Füßen: Nachdem die Flaschenstöpsel aus der (nachwachsenden) Rinde der Korkeiche gestanzt worden sind, wird das restliche Material zu Schrot gemahlen und schließlich zu Korkparkett verarbeitet. Entweder zu 4 und 6 mm dicken Platten, die durch und durch aus dem mit einem Bindemittel versetzten und stark komprimierten Korkschrot bestehen, oder zu Platten, die an der Oberfläche ein etwa 0,8 mm dickes Furnier zeigen.
Selbst in der verdichteten Form einer Parkettdiele enthält Kork noch eine Menge kleinster Luftpolster und ist darum ein schlechter Wärmeleiter, es fühlt sich also stets warm an (deshalb wird Korkschrot auch zu Wärmedämmplatten verarbeitet, hier allerdings in sehr lockerer, sozusagen „offenporiger" Bindung). Außerdem dämpft das elastische Material den Trittschall – und mindert die Belastung für die Wirbelsäule. Kork ist antistatisch, er kann sich nicht (oder nur in ganz geringem Maß) elektrisch aufladen und deshalb bekommt man auf einem Korkboden keine „elektrischen Schläge", wie man sie von anderen Bodenbelägen kennt.
Die beim Flaschenverschluß geschätzte Eigenschaft ist natürlich auch beim Bodenbelag willkommen: Kork ist nahezu völlig unempfindlich gegen Feuchtigkeit und Nässe – und damit gegen Fäulnis. Es ist auch widerstandsfähig gegen viele im Haushalt vorkommende Chemikalien – allerdings nicht gegen Azeton.
Die Summe dieser guten Eigenschaften macht Kork zu einem idealen Bodenbelag im Bad und im Kinderzimmer (wo vor allem zu schätzen ist, daß sich der Boden

Weil Kork fußwarm ist, wird er gern in Kinderzimmern, Bad oder Schlafzimmer verlegt. Auch ins Wohnzimmer paßt dieses Material.

gerade mit nackten Füßen sehr warm anfühlt). Aber auch in der Küche und selbst im Wohnzimmer ist ein Korkboden eine sympathische Basis für ein behagliches Ambiente.
Man hat die Wahl zwischen verschiedenen Oberflächenstrukturen und Plattengrößen; es werden naturbelassene, gewachste oder lackierte bzw. beschichtete Platten (nicht immer mit ökologisch unbedenklichen Beschichtungen) angeboten.
Korkplatten müssen verklebt werden, am besten mit einem wassergelösten Dispersionskleber. Neben den reinen Korkplatten gibt es übrigens auch Korkfertigparkett, bei dem auf eine Diele aus MDF eine dünne Korkschicht aufgebracht ist. Diese Dielen können auch schwimmend auf weichem Untergrund verlegt werden.

Ein Schachbrettmuster aus hellen und eingefärbten Platten – mit dem maßhaltigen Material und dem überraschend großen Angebot an Farben ein leichtes Spiel.

Auch eine Hartfaser wie **Kokos** kann Beläge

Weil sich Kokos schlecht einfärben (allenfalls bleichen) läßt, muß die Webtechnik für Belebung der Oberfläche sorgen: mit Fischgrät-, Jacquard-, Panama- oder Bouclé-Mustern (von oben nach unten).

Nicht nur für rustikale Interieurs

Der sprödeste und gewissermaßen rustikalste unter den Bodenlägen aus nachwachsenden Rohstoffen ist Kokos. Der Ausgangsstoff für Bodenbeläge wird aus der äußeren Umhüllung der Kokosnuß gewonnen. Die Fasern sind in dieser Funktion dafür zuständig, daß die Nuß vor zuviel Sonnenhitze geschützt wird, daß sie schwimmt, wenn sie im Wasser landet – und daß die Frucht nicht platzt, wenn sie auf harten Boden fällt.

Die Faserhülle wird, nachdem die Frucht ausgelöst ist, in Sumpfbecken einem Fäulnisprozeß ausgesetzt. Fäulnisanfällige Bestandteile lösen sich von den resistenten Fasern, die nun gewaschen, getrocknet und zu Garnen oder Stricken (aber auch Wärmedämmstoffen oder Matten) weiterverarbeitet werden. Dies geschieht weitgehend im Ursprungsland.

Kokosfasern lassen sich schlecht färben; sie werden deshalb in ihrer natürlichen Farbe oder gebleicht verarbeitet.

Die Fasern sind hohl. Diese Eigenart gibt einem Kokosbodenbelag eine gute Wärmeisolierung, dämmt den Trittschall und macht den Bodenbelag elastisch.

Diesen durchaus willkommenen Eigenschaften eines Kokosbodenbelags steht eine unwillkommene gegenüber: Obwohl Kokosfasern resistent gegen Bakterien und rottfest sind, reagieren sie sehr empfindlich auf Feuchtigkeit. Wenn die Faser Nässe aufnimmt, dehnt sie sich aus, und das hat zur Folge, daß ein nur lose verlegter Bodenbelag Wellen und Beulen bilden kann.

Deshalb eignet sich ein Kokosbelag nur für solche Räume, in denen nicht mit Feuchtigkeit oder gar Nässe auf dem Boden zu rechnen ist. Und selbst da sollte

Die lebhafte Struktur der Oberfläche charakterisiert Kokosböden. Das paßt nicht überall, aber auch Kontraste können reizvoll sein.

Kokos fest verklebt oder verspannt werden (weil eben auch hohe Luftfeuchtigkeit diese unangenehmen Begleiterscheinungen auslösen kann).
Wird in einem Raum mehr als eine Bahn verlegt, müssen die Stoßfugen vernäht werden. Das überfordert den Selbermacher: Hier muß der Fachmann ans Werk gehen.

Exoten unter den Naturbodenbelägen: Naturkautschuk und Papier

Außer in den natürlichen Farbtönen wird Kokos gebleicht verarbeitet. Auch dieser verhaltene Grundton eines Bodenbelags wirkt sehr ansprechend.

Fußboden und Dielen aus

Nicht alles ist pures Holz, was hier versammelt ist. Aber auch Laminate können sich durchaus sehen lassen, sind attraktive, wohnliche Bodenbeläge.

Ob beim Neubau oder anläßlich einer Renovierung: Bodendielen kamen schon seit eh und je in die engere Wahl, wenn Räumen eine besondere Note gegeben werden sollte. Das ist auch heute so - nur müssen die Dielen nicht ausschließlich aus massivem Holz bestehen: Auch Laminate sind ein interessantes Material. ❶ Superflooring Carrera hellgrau heißt diese knapp 7 mm dicke Bodendiele aus Holzfaser-Hartplatte, die mehr als eine echte Holzdiele aushält. Sie ist abrieb- und kratzfest, licht- und chemikalienbeständig, fleckenunempfindlich und zigarettenfest. ❷ Eine mehrschichtig aufgebaute, versiegelt gelieferte Landhausdiele. Sie ist 14 mm dick und auch für Fußbodenheizungen geeignet. ❸ Diese Holzfaser-Hartplatte hat die gleichen Eigenschaften wie die unter 1 genannte Diele. Obgleich an der Oberfläche sehr robust, sollte sie nur in trockenen Wohnbereichen, nicht in Feuchträumen verwendet werden. ❹ „Nebraska Eiche" ist die Produktbezeichnung dieser Bodendiele mit der Struktur von Holz und den Eigenschaften der Holzfaser-Hartplatte. Außer in zwei weiteren Holzstrukturen wird sie in vier Natursteindekoren hergestellt.
❺ Eine werksseitig unbehandelte Diele wurde hier für das Foto mit schwarzem Dekorwachs behandelt und leicht anpoliert. Sie ist 14 mm dick. ❻ Aus sieben Schichten wie Sperrholz ist diese Landhausdiele in Birke natur aufgebaut. Die Laufschicht besteht aus 4 mm dickem, bereits im Werk versiegeltem Furnier.
❼ Eine Schiffsbodendiele, deren Oberfläche aus jeweils drei Stäben besteht, die in der Länge wie auch seitlich auf Stoß aneinandergefügt sind. Die Nutzschicht ist 4 mm dick und bereits versiegelt.
❽ Eine weitere Schiffsbodendiele, die wie die unter 7 beschriebene Diele aufgebaut ist. ❾ Landhausdiele Buche astrein, vom Hersteller unbehandelt geliefert, für das Foto zweimal mit Dekorwachs Taubenblau behandelt. ❿ Eine Massivholzdiele aus Kiefernholz, nachgetrocknet, mit Nut und Feder für die klassische Verlegeart auf Lagerhölzern vorgesehen. Die Diele ist 21 mm dick, sie wird auch mit wachsversiegelter Oberfläche geliefert. ⓫ Diese Diele wird mehrschichtig in Leimholztechnik aus dem Holz des Gummibaums hergestellt. Sie ist 15 mm dick und wird entweder naturbelassen, weiß lasiert oder natur lackiert angeboten.

Holz und Laminaten

So werden wohnliche Holzböden perfekt verlegt

Parkett zu verlegen wäre noch vor wenigen Jahren für Selbermacher undenkbar gewesen. Mit Fertigparkett darf es sich der Laie zutrauen.

Für die perfekte Wirkung eines selbstverlegten Parkettbodens sorgen nicht zuletzt farblich passende Fußleisten als Abschluß an den Wänden.

In den Baumärkten trifft man heute auf ein bemerkenswert großes Angebot an Fußbodenelementen aus Holz oder Holzwerkstoffen mit Holzoberfläche, die relativ einfach zu verlegen sind und auch bereits eine Versiegelung aufweisen. Diese quadratischen oder rechteckigen Platten werden in drei Sortierungen angeboten, die nur eine Unterscheidung nach dem Aussehen, aber nicht nach der Qualität sind. Fertigparkett ist deutlich billiger als andere Holzbeläge, wegen der dünnen Nutzschicht muß man allerdings mit einer vergleichsweise kurzen Lebensdauer rechnen.

Auf einem ebenen, festen Unterboden kann Fertigparkett direkt verlegt werden: Es wird verklebt oder genagelt. Man kann es schwimmend verlegen: Auf dem Untergrund wird erst eine Pappe ausgelegt, auf der die Parkettpaneele nur untereinander verbunden werden. Diese Methode wird natürlich vor allem dort angewendet, wo der vorhandene Bodenbelag unversehrt bleiben soll.

Beim Ausbau eines Dachbodens braucht dünneres Fertigparkett einen auf die Deckenbalken genagelten tragenden Fußboden; dickeres Parkett wird – vor allem bei engeren Balkenabständen – ohne eine besondere Unterkonstruktion verlegt. Der Arbeitsaufwand beim Verlegen von Fertigparkett ist gering. Weil die Bauteile bereits versiegelt sind, entfällt vor allem das Abschleifen der Oberfläche.

Schwimmend verlegtes Parkett *darf keine Verbindung mit dem Unterboden haben. Deshalb eine Trennschicht aus Spezialpappe.*

Die Parkettstreifen, *Pappe als Trennschicht und Fußleisten: Mehr Material wird für den neuen Bodenbelag nicht gebraucht.*

Auf alten Dielen muß erst eine Spanplatte verlegt werden, die Unebenheiten ausgleicht und das Federn der Dielen unterbindet.

Auf Holzbalken im auszubauenden Dach sind Spanplatten oder Rauhspunddielen als tragende Unterkonstruktion einzusetzen.

Das Werkzeug auf einen Blick: Meßwerkzeuge, Fuchsschwanz, Klopfholz, Hammer, Zugeisen, Weißleim und kleine Holzkeile.

Der „klassische" Aufbau von Fertigparkett: Die Laufrichtungen der einzelnen Holzschichten sind um 90 Grad gegeneinander versetzt.

Parkett für jeden Untergrund

In einem sehr betagten Altbau mit Holzdecken wäre es zwar schwierig, aber auch für den Selbermacher nicht unmöglich, Fertigparkett zu verlegen. Erst recht keine Schwierigkeiten gibt es in einem neueren Haus, dessen Böden in aller Regel ausreichend plan sind. Und wenn gar (im eigenen Haus) ein nicht mehr ansehnlicher, aber doch noch fest mit dem Untergrund verbundener PVC-Boden durch Fertigparkett überdeckt werden soll, dann kann das Verlegen auch dem weniger Geübten leicht von der Hand gehen. Denn dort ist der Untergrund so eben, daß der neue Belag wiederum eine völlig ebene Fläche bilden wird – korrekter Umgang mit dem Zahnspachtel beim Auftragen des Klebers vorausgesetzt.

Allerdings sollte die Arbeit nicht zu leicht genommen werden. Denn nur eine dünne Kleberschicht verbindet das neue Parkett mit dem Untergrund; die kann Unebenheiten natürlich nicht ausgleichen. Zeigen sich bei genauer Prüfung des vorhandenen Bodens da und dort doch kleine Unebenheiten – oder will man das neue Parkett auf alte Dielen kleben –, dann ist doch eine größere Vorbereitung nötig. Bei einem alten Belag, der zwar fest auf dem Estrich liegt, aber nicht ganz eben ist,

kann es ausreichen, erst einmal Fließestrich aufzubringen. Eine dünne Schicht genügt schon; sie muß ja sozusagen nur die Täler zwischen den Erhebungen ausfüllen.
Bei alten Dielen ist mit diesem Verfahren nichts auszurichten, weil die Bretter sich mehr oder weniger stark verzogen haben und weil sie oft federn, also keinen festen Halt auf der Unterlage haben. Hier sind erst einmal Verlegespanplatten fest mit der Balkenlage unter den Dielen zu verschrauben, ehe darauf der Kleber für das neue Parkett mit dem Zahnspachtel aufgezogen werden kann.
Diese Vorarbeit ist auch beim Ausbau im Dach nötig, wenn dort zwischen den Balkenlagen nur die übliche Schüttung vorhanden ist – oder vorhandene Dielen sich zu stark verworfen haben. Statt der großflächigen Spanplatten könnten quer über die Balken erst einmal Rauhspunddielen genagelt werden; quer zur Laufrichtung der Dielen wird dann das Fertigparkett verlegt.
Fertigparkett wird geklebt, und zwar sollte nur der vom jeweiligen Hersteller empfohlene Kleber verwendet werden. Aufgetragen wird mit einem Zahnspachtel – und als Werkzeuge braucht man dann noch einen Fuchsschwanz, ein Zugeisen und das Klopfholz mit einem Hammer. Außerdem Maßstab, Bleistift und Winkel. Wichtig ist der Weißleim zum Verbinden der einzelnen Parkettafeln, nützlich sind kleine Holzkeile, mit denen die Randabstände zu den Wänden eingehalten werden.
Fertigparkett kann übrigens auf Teppichboden direkt (und schwimmend) verlegt werden – sofern es kein allzu flauschiges Material ist.

Dickeres Fertigparkett (mit 22 bis 25 dicken Dielen) kann auch ohne Unterkonstruktion auf Deckenbalken verlegt werden.

Nur auf völlig ebenem Untergrund kann geklebt werden; die dünne Kleberschicht kann Höhendifferenzen nicht ausgleichen.

Den Kleber trägt man in kleineren Teilflächen auf, gerade so viel, daß die Dielen stets in den noch frischen Kleber eingebracht werden.

Pure Natur: So sind

Die ungleichmäßig verlegten Hölzer mit dem lebhaften Farbspiel sind charakteristisch für Schiffsbodenparkett – hier aus dem hellen Ahornholz.

Holzfußböden aufgebaut.

Das natürliche Material und die über Jahre sich erhaltende Schönheit: Damit gewinnt und behält ein Bodenbelag aus Holz immer neue Freunde.

Für jeden Lebens- und Einrichtungsstil gibt es inzwischen das richtige Parkett. Neben der klassischen Eiche findet auch der Liebhaber heller Töne mit Birke, Buche oder Kiefer das Holz seiner Wahl. Tropenhölzer sieht man seltener, dafür wird seit einiger Zeit das aus Plantagenanbau stammende „Hevea“ (Gummibaum) als Fertigparkett angeboten. Und alle diese Hölzer werden mit unterschiedlich gestalteten Laufschichten angeboten: Man kann zwischen Mosaikparkett, Kassetten, Schiffsbodenmustern mit versetzten Stäben und Landhausdielen aus einem Stück wählen. Daneben sind unterschiedliche Einfärbungen der Oberfläche im Angebot. Die Laufflächen sind meistens schon versiegelt, man erhält aber auch wachsversiegelte oder ganz und gar unbehandelte Holzfußböden.

Mosaik im Fischgrätmuster oder in der klassischen Kassettenanordnung: Die beiden Beispiele sind nur ein kleiner Ausschnitt aus dem Angebot.

Ein großes Angebot an Mustern und

Die Landhausdiele ist eine Einstabdiele: Das Holz in der Nutzschicht ist weder in Längs- noch in Querrichtung gestückt.

Das „normale" Fertigparkett mit ca. 14 mm Dicke besteht aus drei Schichten. Die Nutzschicht ist als Schiffsboden angeordnet.

Fix und fertig zum Verlegen

Holz wirkt rustikal und gemütlich, sagen die einen; Holz macht den Raum edel, ist die Meinung der anderen. Beide Ansichten sind richtig: Es kommt auf die Holzart an und wie das Holz zusammengefügt ist. Ahorn als feines Mosaikparkett wirkt zum Beispiel ganz anders als ein Dielenboden aus demselben Material, bei dem die ganze Dielenfläche in Länge und Breite nur ein Furnier zeigt. Und wieder anders als ein Schiffsboden, bei dem die Nutzschicht aus einzelnen Furnieren hintereinander und in mehreren Reihen mit versetzten Fugen gebildet wird.

Bodendielen waren früher massive Bretter. Auch heute gibt es noch solche Massivholzdielen, die allerdings aufwendig getrocknet werden, damit sie bei Veränderungen der Luftfeuchtigkeit nicht zu stark arbeiten und ihre Form verändern, also „schüsseln" oder breit klaffende Fugen bilden. Der mehrschichtige Aufbau eines Fertigparketts kann solche „Lebensäußerungen" des Holzes noch besser verhindern, denn die einzelnen, quer versetzten Lagen sperren sich ähnlich wie beim Sperrholz oder bei Tischlerplatten ab.

Dabei zeigen sich die Fertigelemente an ihrer Oberfläche sehr unterschiedlich, mit all den klassischen Musterungen, aber auch einigen neuen und überraschenden Anordnungen der einzelnen Holzteile.

Gemeinsam ist diesen modernen Bodenbelägen, daß die einzelnen Elemente mit Nut und Feder an den Seitenkanten versehen sind, so daß auch dem Selbermacher eine sichere und einwandfreie Verlegung möglich ist.

Farben steht zur Auswahl.

Die mehrschichtige Konstruktion der Parkettelemente ist so angelegt, daß die mittlere Lage nach zwei Seiten versetzt ist, so daß sich an einer Längs- und einer Schmalseite eine Nut und an den beiden anderen Seiten die Feder ergibt. Beim Verlegen werden die Platten jeweils an der Feder oder in der Nut mit Leim versehen und fest zusammengedrückt: Ein sicherer Verband ergibt sich damit von selbst – auch bei der schwimmenden Verlegung, bei der die Parkettdielen nicht mit dem Untergrund verbunden werden.

Diese vom Unterboden unabhängige Verlegung erschließt Anwendungen, die vordem kaum denkbar waren. Auch in der gemieteten Wohnung, wo man bei einem Auszug das Parkett wieder aufnehmen will, kann nun – vorübergehend - ein solcher Bodenbelag gewählt werden. Und damit wegen des zusätzlich eingebrachten Bodenbelags die Türen nicht gekürzt werden müssen, kann man einen Laminatboden wählen, der gerade mal 6,4 mm dick ist. Nur wenig dicker sind solche Elemente, die für die Verlegung über einer Fußbodenheizung geeignet sind. Ein etwa 14 mm dicker Parkettboden wird den Wärmedurchgang nicht unnötig behindern. Mehr Materialstärke ist erforderlich, wenn beim Dachausbau das Parkett direkt auf den Lagerhölzern verlegt wird. Auch die dafür notwendigen, wenigstens 21 mm dicken Dielen gibt es.

Mosaikparkett besteht aus schmalen kurzen Stäben, die schachbrettartig versetzt angeordnet sind.

Damit die kleinteilig zusammengesetzten Mosaikdielen festen Halt haben und nicht schon beim Transport auseinanderbrechen, werden sie auf der Unterseite durch dünne Drähte oder durch ein Gewebenetz zusätzlich miteinander verklebt. Dennoch können sie geteilt, also auch mit einer Säge durchgetrennt werden.

Raffinierte **Intarsien** als belebende Akzente

Die Intarsien wirken mal strenger, mal verspielter: Man kann für jeden Einrichtungsstil eine passende Einlegearbeit finden, mit der im Fußboden raffinierte Akzente gebildet werden. Klassisch sind Randfriese, moderner die für die Raummitte gedachten Tafeln mit flächiger angelegten Mustern.

Einlegearbeiten mit traditionellen oder modernen Ornamenten

Eigentlich ist es üblich, einen Bodenbelag neutral, das heißt ohne ein Ornament anzulegen, das einen bestimmten Bereich hervorheben würde. Auch ein farblich lebhafter Schiffsboden wird nur zufällig einen Bereich mal etwas dunkler wirken lassen, einen anderen durch eine lebhaftere Maserung der Hölzer betonen. Die Neutralität des Bodens läßt dann bei der Möblierung – und bei allen späteren Veränderungen – alle Möglichkeiten offen.
Das spricht aber nicht dagegen, dennoch im Bodenbelag ein Ornament anzulegen. Zum Beispiel dicht vor den Wänden einen Randfries zu verlegen oder aber mitten im Raum ein paar Ornamenttafeln in eine ansonsten unauffällige Bodenfläche einzusetzen.
Die Beispiele oben sind echte Einlegearbeiten, die als Randfriese, als Eckrandfriese und als flächige gemusterte Tafeln angelegt sind. Diese Bausteine sind in den Holzarten und Formaten auf gängige Hölzer und Formate abgestimmt, die Kombination bereitet also keinerlei technische Probleme. Sie sind auch schon fertig versiegelt.
Die Anwendung will gleichwohl überlegt sein: Nur bei einer sparsamen Möblierung kommen die Ornamente zur Geltung, und nur eine auf Dauer festgelegte Anordnung der Möbel läßt die Gestaltung auch nach Jahren im ursprünglichen Sinn wirken.

Wer Parkett selber verlegen will, kommt mit den hier abgebildeten Werkzeugen in aller Regel aus: Zollstock, Bleistift und Winkel fürs Ausmessen, den Fuchsschwanz fürs Zuschneiden, Zugeisen, Klopfholz, Hammer und dünne Randkeile dann für die eigentliche Verlegearbeit.

Wer es bei einem traditionell „einfarbigen" Parkett ohne solche Akzente beläßt, wird auch als ungeübter Selbermacher beim Verlegen keine unüberwindlichen Hindernisse vor sich haben. Denn die industrielle Aufbereitung des Naturmaterials Holz unterbindet nur dessen unerwünschte Verhaltensweisen (Werfen, Quellen und Schwinden bei Veränderung des Feuchtigkeitsgehalts) und vereinfacht die sichere Verbindung der einzelnen Elemente untereinander, läßt dem Holz aber ansonsten seine natürliche Schönheit. Ein besonderer Vorzug ist, daß alle diese Parkettelemente bereits im Werk versiegelt werden, so daß einem der unangenehmste Teil der Parkettverlegung, das Schleifen und Versiegeln, erspart bleibt.

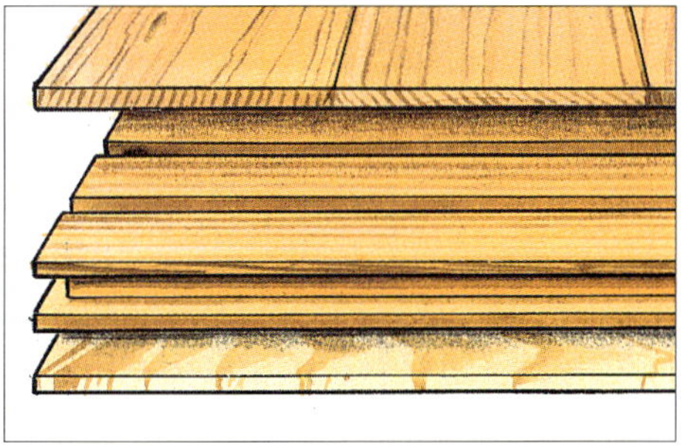

So sind die modernen Parkettelemente aufgebaut: Zwischen der Deck- oder Nutzschicht und der Unterschicht liegt die Mittellage in Querrichtung, die die Kräfte des arbeitenden Holzes aufheben soll. Bei manchen Fabrikaten besteht diese Mittellage aus hochverdichteten Faserplatten (HDF), die dem Parkett besondere Festigkeit geben.

Neuen Fußboden direkt auf

Als Arbeitsfläche sollten auf den Lagerhölzern Span- oder andere Holzplatten ausgelegt werden, damit man risikolos arbeiten kann.

Die erste Diele wird mit der Feder zur Wand verlegt. Die Nägel zur Befestigung werden auf der unteren Nutwange angesetzt.

Die Nägel müssen völlig versenkt werden, denn sonst kann die Feder der nächsten Diele nicht in die Nut greifen.

Nach alter Zimmermannstechnik kann auch der Selbermacher einen Fußboden beim Dachausbau verlegen: nämlich direkt auf den Lagerhölzern.

Beim Bau eines eigenen Hauses werden nicht selten die Kosten für den Ausbau des Dachraums zunächst gespart: Das Geld wird wohl für wichtigere Posten in der ganzen Hausfinanzierung benötigt. Die Absicht, hier selber Hand anzulegen, wird auf später verschoben. Aber bald zeigt es sich, daß hier wichtiger Raum nicht genutzt wird. Und so wird dann doch ausgebaut.

Dabei wendet auch der Selbermacher die traditionelle Zimmermannstechnik an, den Holzfußboden mit Hammer und Nägeln direkt auf den Lagerhölzern zu verlegen. Zwischen die Lagerhölzer wird – wenn es nicht schon beim Hausbau geschehen ist – Mineralwolle als Dämmung eingelegt. Dann ist die Entscheidung zu treffen, welche Dielenqualität den späteren Nutzungsansprüchen genügt. Soll der Dachraum ausschließlich als Abstellraum dienen, genügt ein Fußboden aus rohen Naturholzdielen, die mit Flüssigwachs oder Parkettlack oberflächenbehandelt werden. Man kann sich die Nachbehandlung sparen und gleich oberflächenbehandelte Dielen einkaufen. Wenn im Dach ein zusätzlicher Wohnraum für eines der Kinder oder ein Arbeitszimmer entstehen soll, ist zu überlegen, ob man nicht doch etwas mehr investiert und Fertigparkett verlegt – das allerdings aus dickerem Material besteht, damit sich die Elemente bei Belastung nicht zwischen den Lagerhölzern nach unten durchbiegen.

Lagerhölzern verlegen

Nägel jede Menge, Hammer und Senker, dazu den Zollstock und eine Säge: Mehr braucht man nicht.

Nut und Feder an den Kopfenden der Dielen sorgen auch in Längsrichtung für feste Verbindungen und glatte Übergänge,

Zum Schutz der Brettkanten wird immer ein Klopfholz verwendet, mit dem die Diele ganz fest an die vorige gedrückt wird.

Früher hatten Dielen nur an den Längskanten Nut und Feder; heute gibt es für die sogenannte Endlosverlegung auch solche mit Nut und Feder an den Kopfenden, so daß sich ein sehr fester Verbund ergibt. Wenn der Dachraum ständig (also nicht nur als Abstellraum) benutzt wird, empfiehlt es sich, die Dielen nicht direkt auf die Lagerhölzer zu nageln, sondern auf den Hölzern schmale Dämmstreifen auszulegen und durch diese Streifen die Dielen festzunageln. Diese Maßnahme mindert die Übertragung des Trittschalls in die Etage darunter.

Das letzte Brett einer Reihe muß zugesägt werden. Dazu setzt man eine Kappsäge oder auch eine feine Handsäge ein.

Fertigparkett: ein schöner

Mehrere sperrholzartig miteinander verklebte Schichten und ein etwa 4 mm dickes Deckfurnier bilden das attraktive, leicht zu verlegende Fertigparkett.

Seit mehreren 100 Jahren wird Parkett als einer der schönsten Bodenbeläge geschätzt. War dieses Material früher einmal nur hochherrschaftlichen Räumen vorbehalten, ist es heute dank industrieller Fertigung und einer einfacheren Konstruktion für viele erschwinglich. Und: Jeder geschickte Selbermacher kann es verlegen. Bestand früher Parkett aus massivem Holz, wird es heute ähnlich wie Sperrholz hergestellt: Lediglich an der Oberfläche zeigt sich edles Holz, darunter sind dünne Schichten weniger wertvollen Holzes oder Holzwerkstoffe im rechten Winkel zueinander aufeinandergeleimt. Deshalb ist Fertigparkett um einiges preisgünstiger als massives Parkett. Dennoch kann es in der Lebensdauer mithalten.
Wie das Massivholzparkett wird modernes Fertigparkett sowohl in der sogenannten Schiffsbodenart wie auch als Mosaik hergestellt. Beim Schiffsbodenparkett besteht das Deckfurnier eines Fertigteils aus drei breiten Stäben, die versetzt angeordnet sind; beim Mosaikparkett (das auf den Seiten 96 bis 99 behandelt wird) besteht das Deckfurnier aus schmalen, würfelartig zusammengesetzten Stäben. Fertigparkett ist formstabil: Es verzieht sich nicht, schrumpft oder dehnt sich nicht. Der wichtigste Vorteil für den Selbermacher: Es ist bereits endgültig versiegelt – und damit entfällt das meist sehr aufwendige Abschleifen und Versiegeln nach dem Verlegen.

Boden für jeden Raum

Schiffsboden-Parkett ist ein eleganter Bodenbelag. Die leichten Farbdifferenzen zwischen den Stäben beleben auch große Bodenflächen.

Die schwimmende Verlegung

Die Werkzeuge für das Verlegen des Parketts sind hier zu sehen. Spezialgeräte sind das Klopfholz und das Zugeisen.

Schwimmend, ohne festen Kontakt zum Boden, wird das Parkett auf einer dünnen Dämmatte verlegt.

Die Dielen perfekt verlegen

Jeder Betonestrich wird schwimmend verlegt, also ohne feste Verbindung zwischen dem Estrich und dem Unterboden. Mit dem Fertigparkett kann man ähnlich verfahren: Es wird auf dem vorhandenen (selbstverständlich absolut ebenen) Boden nicht direkt verlegt, sondern auf einer dünnen Spezialfolie. So wird erreicht, daß Trittschall nicht bis auf den Unterboden gelangt und dort verstärkt und weitergeleitet wird. Die Dielen werden also lediglich untereinander fest verbunden: durch Leim in den Nut- und Federkanten.

Der Effekt der Trittschalldämmung ist nicht der einzige Vorteil dieses Verfahrens. Da es keine feste Verbindung zwischen Parkett und Unterboden gibt, kann später einmal das Parkett mühelos aufgenommen werden, wenn es durch einen anderen Bodenbelag ersetzt werden soll (bzw. beim Auszug aus einer Mietwohnung).

Wer will, kann das Parkett fest verkleben – und zwar mit einem Kleber, der vom Hersteller des Parketts empfohlen wird.

Als „fließender Verband" werden die Dielen verlegt: Das Reststück der ersten Reihe ist der Anfang der nächsten Reihe.

Nur in die Nuten an den Seiten der Diele wird Leim gegeben, dann die Nut fest auf die Feder der vorigen Diele fügen.

sorgt für Trittschalldämmung.

Mit dem Klopfholz *wird die Diele fest an die Nachbardiele gedrückt. Herausquellender Leim ist gleich abzuwischen.*

An Rohren *oder Sockeln sind die Dielen sehr genau anzupassen. Lücken mit einem Reststück mit passendem Furnier füllen.*

Die letzte Diele *ist genau auf die vorletzte Reihe zu legen, darauf eine Diele mit Wandkontakt: Sie zeigt nun die Schnittlinie an.*

Mit dem Zugeisen *ist die letzte Diele einzufügen. Die Diele auf der Feder ansetzen, das Eisen einhaken und die Diele festklopfen.*

Fußleisten *bilden den Wandanschluß. Es gibt Leistensysteme, hinter denen Kabel versteckt werden können (s. Seite 122).*

Profilschienen *schaffen einen sauberen Übergang zum nächsten Bodenbelag im selben oder im Nachbarraum.*

Zeitlos

Dieses Parkett mit einem Flechtmuster besteht aus dem Holz des Gummibaums (Hevea brasiliensis). Typisch ist die lebhafte Maserung des Holzes.

schön: das Mosaikparkett

Mosaikparkett ist sozusagen ein Klassiker unter den Bodenbelägen. Dem Heimwerker steht es als Fertigparkett in verschiedenen Mustern zur Verfügung.

Es muß nicht immer Eiche sein, das wegen seiner Härte und Festigkeit bevorzugte Holz für Parkett. Seit einiger Zeit gibt es auch Mosaikparkett aus dem Holz des Gummibaums. Und: Das Mosaik wird auch in anderen als dem gewohnten Muster hergestellt. Anders als die Dielen, deren Verlegung auf den vorhergehenden Seiten beschrieben worden ist, sind diese Mosaiktafeln voll und ganz aus Massivholz, zeigen also nicht nur eine relativ dünne Dekorschicht. Das bedeutet, daß dieses Fertigparkett (das bereits versiegelt geliefert wird) eine sehr viel höhere Lebensdauer als die Mehrschichtdielen – und auch einen höheren Preis – hat.
Die Mosaiktafeln müssen fest mit dem Untergrund verklebt werden, können also nicht schwimmend verlegt werden. Und: Die Tafeln müssen vor dem Verlegen einige Tage in geöffneten Paketen im Raum lagern, um sich dem Klima anpassen zu können.

Eine feste **Verbindung** zwischen dem

Zur Akklimatisierung müssen die Mosaikplatten vor dem Verlegen in geöffneten Paketen einige Tage im Raum liegen.

Ein Voranstrich mit Tiefgrund oder verdünntem Kleber ist auf Spanplatte oder Heizestrich erforderlich.

Ein Bodenbelag auf Dauer

Fest verklebtes Mosaikparkett ist keine Zwischenlösung: Es ist eine Anschaffung für Generationen. Schon deshalb muß es mit entsprechender Genauigkeit verlegt werden. Der Untergrund muß fest und absolut plan sein, denn die etwa 8 mm dicken Tafeln werden in einer relativ dünnen Kleberschicht verlegt: Unebenheiten werden damit nicht ausgeglichen. Die müssen vorher beseitigt bzw. eingeebnet werden, etwa mit selbstlaufender Spachtelmasse auf Zementbasis, die nach dem Aushärten eine plane Fläche bildet. Bei stärkeren Unebenheiten des Bodens muß mit wenigstens 22 mm dicken Verlegespanplatten ein tragfähiger und glatter Untergrund geschaffen werden.
Ein zu stark saugender Untergrund (Heizestrich oder Spanplatte z. B.) braucht einen Voranstrich mit Tiefgrund oder mit verdünntem Kleber. Der spezielle Parkettkleber enthält wenig Lösemittel; dennoch sollten die Verarbeitungshinweise beachtet und für eine gute Lüftung gesorgt werden.

Größere Unebenheiten, die man mit der Wasserwaage feststellt, sind mit Fließ- oder Nivellierspachtel auszugleichen.

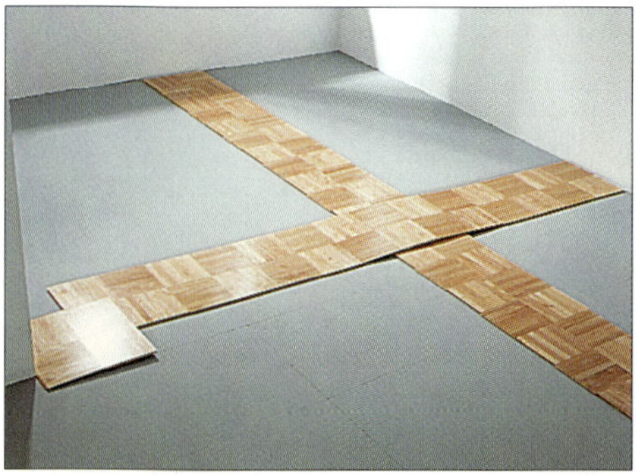

Probeweise werden vor dem Verlegen einige Elemente ausgelegt, damit man die Einteilung der Platten vornehmen kann.

Mosaik und dem Boden darunter

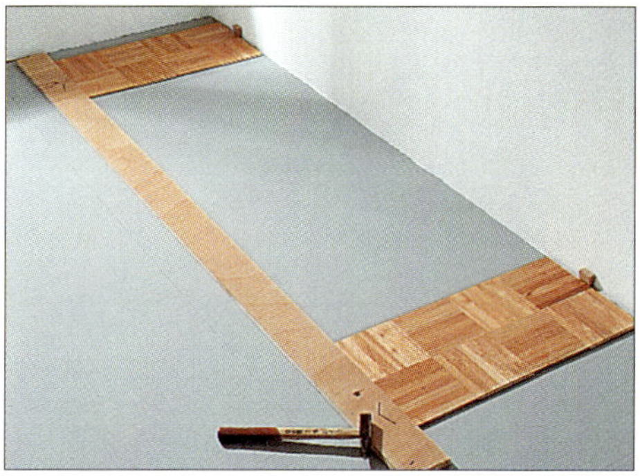

Mit der zweiten Reihe wird begonnen; deren genaue Position wird mit Schnurschlag oder Richtscheit festgelegt.

Den Kleber trägt man mit einem Zahnspachtel auf, aber immer nur so viel, wie man in den nächsten fünf Minuten verarbeiten kann.

Die Parkettelemente sind zunächst von Hand zusammenzuschieben, dann wird mit einem Schlagklotz nachgearbeitet.

Die Nut- und Federverbindung muß nicht zusätzlich verleimt werden. Ausquellender Kleber ist sofort restlos abzuwischen.

Die letzte Reihe ist mit Hilfe eines zusätzlichen Elements genau einzupassen. Mit einem Holzklotz Abstand zur Wand einhalten.

Eine neue Klebetechnik: dünne Streifen am Rand und diagonal auftragen.

Probleme bei Holzböden –

Damit Fertigparkett ein perfektes Bild bietet, muß der Untergrund einwandfrei vorbereitet werden. Zum Beispiel mit Verlegeplatten.

Zur Trittschalldämmung und zum Absperren eventuell aufsteigender Feuchtigkeit wird eine Dämmschicht Bitumenkork verlegt.

Mit Fußbodenverlegeplatten werden Unebenheiten großflächig überbrückt. Sie werden in Nut und Feder verleimt.

Türnischen und Vorsprünge sind genau auszumessen und aus der Verlegeplatte auszusägen. Zur Wand eine Dehnungsfuge vorsehen.

Mit Dübeln und Spaxschrauben werden die Verlegeplatten in voller Fläche fest mit dem Unterboden verbunden.

und wie sie gelöst werden.

Manchmal ist es doch nicht so einfach, Fertigparkett zu verlegen. Wir zeigen hier, wie auftretende Probleme und Hindernisse bewältigt werden.

Grundrisse ohne Winkel und Wandvorsprünge sind ideal für das Verlegen von Fertigparkett. Aber solche Bedingungen findet man nicht immer. Da kann der Boden wellig sein, in alten Häusern kann es von Wand zu Wand erhebliche Höhenunterschiede geben. Um Heizungsrohre muß ebenso wie bei den Raumübergängen das Parkett sauber angepaßt werden. Aber all solche Hindernisse können auch vom Selbermacher überwunden werden – selbst wenn es mehr Zeit kostet, bis endlich der Parkettboden bis zur letzten Diele ausgelegt ist.
Wichtig ist, daß man sich die Probleme nicht selber schafft: Schon die erste Bahn muß genau zentriert und ausgerichtet werden, damit die ganze übrige Fläche dann auch einwandfrei verlegt wird.

Eine Zierschiene wird in das fest mit dem Untergrund verschraubte Aluprofil gesteckt (und hier auch noch einmal verschraubt).

Die Türzarge wird unten um etwa 15 mm gekürzt, die Diele kann dann in den Abschnitt hineingesteckt werden.

Ein Aluminiumprofil schafft einen sauberen Übergang auf andere Materialien und andere Raumebenen.

Heizkörperausschnitte in voller Fläche aus der Parkettdiele aussägen und später mit einem Reststück wieder füllen.

„Zweiter Frühling" für alte

Holzböden

Wer bei der Renovierung der Wohnung unter dem Teppich einen Parkettboden vorfindet, kann sich glücklich schätzen.

Mit etwas Mühe, mit den geeigneten Werkzeugen und einer neuen Versiegelung kann auch ein betagter und abgenutzter Holzboden wieder wie neu aussehen: planeben und deutlich verjüngt – wie das Parkett im Foto links.
Das geeignete Werkzeug sind vor allem eine Walzen- und eine Eckenschleifmaschine mit den passenden Schleifbändern und -tellern. Die muß man im Fachbetrieb ausleihen, wo man sich auch gleich die richtige Handhabung dieser Geräte erklären lassen sollte.

Der alte Teppich läßt sich leichter abziehen und handhaben, wenn man ihn streifenweise mit dem Teppichmesser einritzt und dann in schmalen Bahnen vom Parkett löst.

Ein Fugenkratzer *aus dem Gartenbedarf kann sehr gut eingesetzt werden, wenn man den alten Teppichboden in Streifen und kleine Stücke auftrennen will.*

Viel Zeit muß eingeplant werden

Als erstes muß der Raum total leergeräumt werden. Nachdem der alte Teppich aufgenommen worden ist, sind die Sockelleisten zu entfernen. Der Holzboden wird sehr genau untersucht. Lose Parkettstäbe müssen neu eingeklebt werden, hochstehende Nägel sind mit einem Dorn und ein paar leichten Hammerschlägen zu versenken.

Mit einer 24er Schleifwalze wird schräg zum Lichteinfall vorgeschliffen, Bahn für Bahn in gleichmäßigen Zügen. Nach dem Staubsaugen wird diagonal dazu mit der 36er Walze und nach abermaligem Staubsaugen ein drittes Mal mit der 60er Walze geschliffen, wiederum gegenläufig zur

Diagonal zur Lichtquelle *wird in drei Schritten geschliffen, jeder Durchgang gegenläufig zum vorigen. Nach dem Schleifen ist immer der Schleifstaub gründlich abzusaugen.*

Risse und Fugen *dichtet man mit selbstgemachtem Fugenkitt: Dazu wird Schleifstaub mit Fugenkitt-Bindemittel gemischt. Der Kitt muß aushärten, ehe wieder geschliffen wird.*

vorigen Arbeitsrichtung. Vor dem Feinschliff wird gespachtelt: Alle Risse und Fugen sind nun zu schließen, und zwar mit einem selbstgemachten Fugenkitt, für den der abgesaugte Holzstaub mit einem Fugenkitt-Bindemittel vermengt wird. Der Feinschliff kann etwa 30 Minuten nach dem Spachteln begonnen werden; jetzt wird die Schleifmaschine gerade zur Lichtquelle hin geführt. Wieder wird der Staub abgesaugt. Erst dann kann versiegelt werden. Nach Aushärten des ersten Lackauftrags wird die Fläche mit 120er Körnung geschliffen. Der Staub wird abgesaugt, dann kann ein zweiter und dritter Anstrich aufgetragen werden.

***Der Feinschliff** nach dem Spachteln kann erst lokal die Spachtelspuren beseitigen, dann sollte die ganze Fläche mit der Walzenschleifmaschine bearbeitet werden.*

***Die Parkettkanten,** die von den Schleifwalzen nicht erfaßt werden, kann man zwar auch mit einem Schwingschleifer bearbeiten. Besser geht es mit dem Eckenschleifer.*

***Parkettversiegelung** gibt es auch auf Wasserbasis. Sie ist schadstoffarm und nahezu geruchlos. Zum Auftragen setzt man eine Lackierrolle mit langem Stiel ein.*

Spachtel entfernen ist mit diesem Spezialgerät eine leichte Arbeit. Es kann zusammen mit der Walzen- und der Eckenschleifmaschine ausgeliehen werden.

Holz wird mit dem Alter schöner

Wer etwas von Holz versteht, wird die Ansicht teilen, daß der schöne warme Ton von Bodendielen erst richtig zum Ausdruck kommt, wenn sie längere Zeit dem Licht ausgesetzt waren. Das ist bei „wiederentdeckten" Dielen in einer Altbauwohnung stets der Fall. Zwar sind mit der Patina auch einige unwillkommene Alterserscheinungen verbunden: Die Dielen „schüsseln", einige sind lose und knarren; Nägel stehen etwas hoch, Fugen klaffen. Es lohnt sich dennoch, den betagten Boden aufzuarbeiten. Denn dabei werden die genannten Mängel beseitigt. Und heraus kommt ein Boden, der auch nach dem Abschleifen den altersbedingten Farbton behält und damit allemal schöner

Diagonal zur Holzfaser sollte geschliffen werden. Mit der Walzenschleifmaschine trägt man auch alten Lack, Schmutz und Kleberreste von den Dielen ab.

Mit dem Schleifteller des Eckenschleifers arbeitet man dort, wo das Walzengerät nicht hinkommt. Der kleinste Schleifteller hat nur 75 mm Durchmesser.

aussehen kann als ein Bodenbelag aus nagelneuen Dielen.
Mit dem Abschleifen ist es, wenn der Dielenboden mit Teppich belegt war, vielleicht nicht getan: Dann muß erst der Fließspachtel beseitigt werden. Dafür gibt es ein Spezialgerät, das man ebenso wie die Walzenschleifmaschine ausleihen kann. Zum Abschleifen wird die gleiche Prozedur wie beim Abschleifen des Parketts eingehalten. Anders ist hier: Die Fugen zwischen den Dielen werden nicht ausgespachtelt, sondern im Gegenteil mit einem Fugenkratzer und dem Staubsauger gründlich gereinigt. Das ist wichtig, damit nachher beim Versiegeln kein Schmutz auf die Holzoberfläche gelangt.

Mit einem Fugenkratzer müssen die Fugen besonders gründlich gereinigt werden. Das ausgekratzte Material ist dann mit dem Staubsauger restlos zu beseitigen.

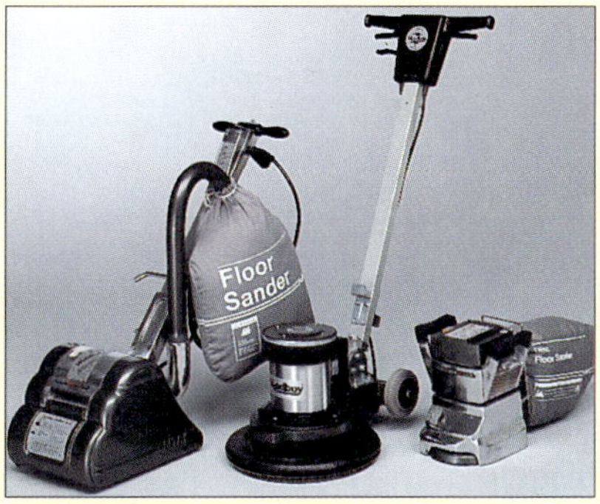

Bodenschleifgeräte

Unter der Rubrik „Fußboden-Schleifbetrieb" in den „Gelben Seiten" findet man die Adressen, wo man die Walzenschleifmaschine, einen Tellerschleifer und das Kantenschleifgerät (auf dem Foto von links nach rechts) zusammen mit den jeweils benötigten Schleifmitteln ausleihen kann.

Abschaben muß man die Holzfläche überall dort, wo es für die Schleifgeräte zu eng ist. Das macht man mit einem Stecheisen oder auch mit einer Ziehklinge.

Laminatböden: Aufbau und Verlegung

Sie sehen aus wie Holz oder Marmor, haben fast auch deren Eigenschaft, aber Laminatbodenplatten bestehen aus einem Holzfaserkern und einer nur sehr dünnen Dekorschicht.

Dennoch sind die Laminate sehr strapazierfähig. Denn die Dekorschicht ist außerordentlich robust, gleichgültig, ob sie eine Holzimitation zeigt, ein Natursteindekor oder eines der modernen Fantasiedessins in unterschiedlichen Farben aufweist. Laminatplatten sind besonders dann interessant, wenn eine Wohnung renoviert und mit einem neuen Bodenbelag versehen werden soll: Die Platten sind nur 7 bis 8 mm dick und tragen deshalb kaum auf. Für den Selbermacher ist interessant, daß die Laminatfußböden ganz leicht zu verlegen sind. Dabei kann man neben der konventionellen Lösung, nur Platten einer Farbe zu verwenden, in einer Fläche sogar unterschiedliche Holzarten miteinander kombinieren, kann helle und dunkle Platten in einem spannungsvollen Wechselspiel nebeneinander verlegen.

So sind die Laminate aufgebaut: auf dem Holzfaserkern eine dünne Dekorschicht.

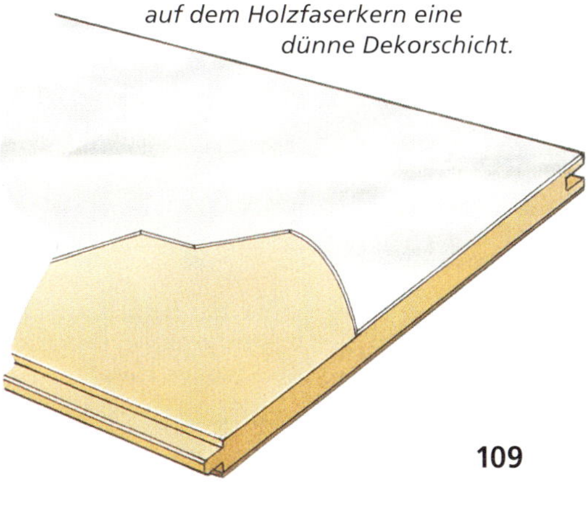

Die **Laminatplatten** sind so einfach

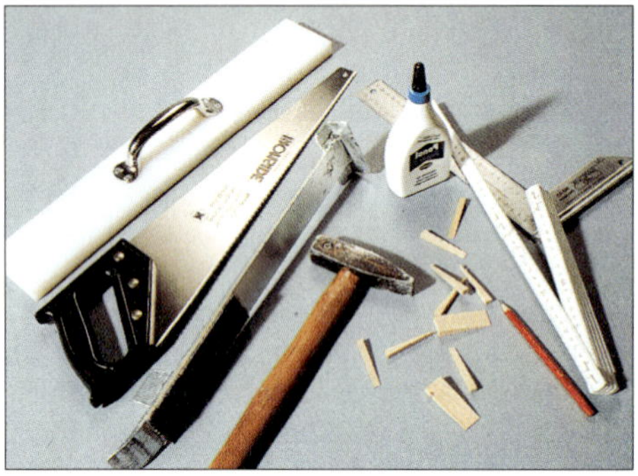

***Diese Werkzeuge** braucht man zum Verlegen der Laminatplatten. Zugeisen und Winkel erleichtern die Arbeit beträchtlich.*

***Die ersten Elemente** werden von der Wand weg verlegt. Die andersfarbigen Quadrate sollen diagonal in den Raum verlaufen.*

Der Untergrund muß eben sein

Laminatplatten können auf jedem ebenen Untergrund verlegt werden. Auf allen harten Unterböden werden sie schwimmend verlegt: Auf Estrich, Keramik-, PVC- oder Holzuntergrund wird erst eine 2 mm dicke Unterlage aus Schaumfolie, Rippenpappe oder Rohfilzpappe verlegt – und darauf liegen dann die Platten. Sie sind nur untereinander fest verbunden, werden also nicht mit der Unterlage verklebt.
Will man einen Boden mit Nadelfilzbelag, einen kurzflorigen Teppichboden oder einen weichen PVC-Boden mit Laminatplatten überdecken, wird dagegen keine Zwischenlage benötigt – die ja nur das Klappern der Laminatplatten auf einer harten Unterlage verhindern soll.
Bevor man einen Laminatfußboden verlegt, sind im Untergrund eventuell vorhandene Unebenheiten auszuspachteln oder mit Pappe auszugleichen.
Wird beabsichtigt, mit unterschiedlichen Platten ein Muster zu bilden, muß mit Verschnitt gerechnet und deshalb eine größere Menge Platten eingekauft werden. Bei einfarbigen Flächen können dagegen gerade so viele Platten eingekauft werden, wie man als benötigte Gesamtfläche ausgerechnet hat. Denn bei gleichen Platten wird das Reststück einer Reihe der Anfang der nächsten Reihe: So gibt es keinen oder nur ganz wenig Verschnitt.
Beim Verleimen der einzelnen Platten wird Leim an den Nutkanten aufgetragen, und zwar möglichst sparsam, damit nicht doch noch überschüssiger Leim eine feste Verbindung mit dem Unterboden herstellt.
Nach dem Verlegen sollte der Boden 10 bis 12 Stunden nicht betreten werden, damit der Leim voll durchhärten kann und sich keine Fugen wieder öffnen.

wie Holzdielen zu verlegen.

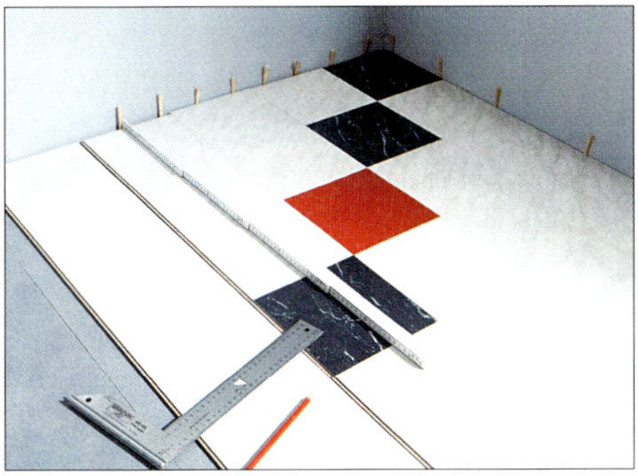

Die Kante *des andersfarbigen Teils gibt die Länge für das Anfangsstück der nächsten hellen Dielenreihe an.*

Mit dem Fuchsschwanz *sind die Dielen einfach abzulängen. Die Schnittkante ist an der Wand zu verlegen, die Feder zum Raum.*

Nach dem Designelement *ist eine Diele in voller Länge zu verlegen, Leim wird gleichmäßig in die Nut gespritzt.*

Mit Schlagholz *und Hammer werden die Dielen leicht zusammengefügt. Darauf achten, daß die Feder nicht beschädigt wird.*

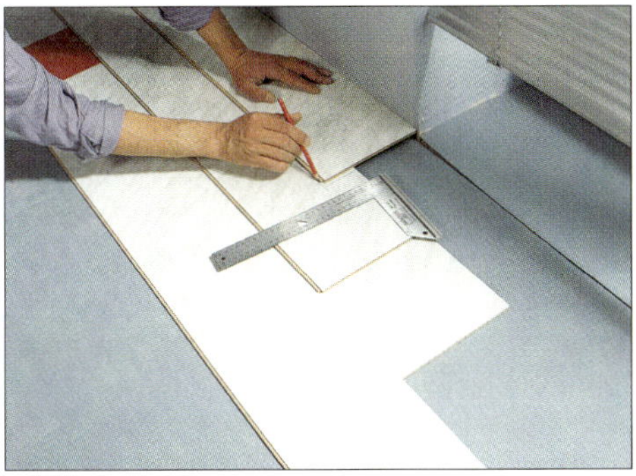

Mit einer Distanzdiele *werden die Abstände für Ausschnitte von Türlaibungen oder Fensternischen genau übertragen.*

Die Stichsäge *ist auf der Oberseite der Diele anzusetzen, wenn der Ausschnitt ausgesägt wird. Abbrechen der Kante vermeiden.*

Attraktive Muster sind schnell gezaubert.

Mit dem Zugeisen *wird die auf Maß zugeschnittene Diele an die vorhergehende Reihe herangezogen, bis die Fuge dicht ist.*

Die letzte Reihe *in der Türlaibung ist ganz genau einzupassen. Der Wandanschluß wird mit dauerelastischer Fugenmasse versiegelt.*

Die Kombination *verschiedener Farben und Dessins ist zuerst eine Rechenaufgabe, damit möglichst wenig Verschnitt entsteht.*

Buntes Wirrwarr vermeiden

Weil die Laminatdielen inzwischen in mehreren Holzarten und Farben zur Verfügung stehen, ist die Versuchung groß, auf dem neuen Fußboden ein Muster zu kreieren. Dabei sollte man sich aber Zurückhaltung auferlegen. Je einfacher ein solches Dessin ist, desto eher wird es während der (nicht geringen) Lebensdauer des Bodenbelags zu ertragen sein. Eine diagonal versetzte Reihe von andersfarbigen Quadraten, wie sie in den Arbeitsfotos zu sehen ist, kann lebendig genug sein. Oder es mag genügen, den Standort des Eßtisches durch einen andersfarbigen Rahmen mit dem Umriß der ganzen Eßgruppe hervorzuheben. Je geringer die Farb- oder Helligkeitsunterschiede zwischen den ausgewählten Dielen sind, desto angenehmer wird sich das Dessin darstellen. Es kann auch schon ausreichen, zwei Hölzer miteinander zu kombinieren (wie es im Foto Seite 108/109 zu sehen ist). Gerade bei solchen Kombinationen ist es sehr wichtig, daß die Dielen akkurat zugeschnitten und verlegt werden: In einer einfarbigen Fläche fallen Unregelmäßigkeiten kaum oder gar nicht auf – in einem Musterverband dagegen wirken sich Maßabweichungen unter Umständen unangenehm deutlich aus.
Richtig angewendet, können mit der Kombination von nur zwei unterschiedlichen Laminatdessins sehr attraktive Bodenbeläge entstehen, mit denen einzelne Raumzonen hervorgehoben bzw. voneinander getrennt werden. Das bedeutet dann allerdings auch, daß die darauf abgestimmte Möblierung für lange Zeit unverändert bleiben muß. Wenigstens die Stellplätze der Möbel müssen für eine Weile dem Bodendesign angepaßt bleiben.

Einer Treppe zu

Ein neuer strapazierfähiger und zudem schöner Belag für die alte Treppe: Selbermacher wenden dabei moderne Systemelemente an.

neuer Schönheit verhelfen

Treppenstufen zu renovieren ist sicher keine Arbeit für den Anfänger. Aber neue Bauelemente können Mut machen, es dennoch einmal zu versuchen.

Eine in die Jahre gekommene Treppe ist nicht nur keine Augenweide; sie kann mit abgetretenen Stufenkanten auch ein Sicherheitsrisiko sein. Eine gründliche Renovierung macht die Treppe schöner und sicherer. Bislang war das eine Arbeit für den Fachmann. Nun gibt es aber Alufix-Profilschienen, mit denen die Stufenkanten gesichert werden können und die sich mit allen Bodenbelägen kombinieren lassen: mit 14-mm-Fertigparkett, mit 8-mm-Laminatboden, mit Fliesen, Teppichboden, Linoleum oder Kunststoffbelägen.
Die Fotos zeigen zunächst eine Treppe, die mit einem robusten Laminatboden versehen worden ist; in einem zweiten Beispiel wird eine Treppe mit Teppichboden belegt. Dazu: unterschiedliche Kantenprofile.

Dieses Bild bot die Treppe vor der Renovierung. An einem Wochenende kann sie sich in ein Schmuckstück verwandeln.

Alte Beläge, aber auch Beschläge und Blechtrittkanten müssen entfernt, Unebenheiten in den Stufen ausgeglichen werden.

Optimalen Halt erhält das Kantenprofil, wenn die Trittstufe eine rechtwinklige Kante hat. Rundungen werden abgesägt.

Mit dem Elektrohobel werden die letzten Unebenheiten beseitigt. Dabei aber die Stufentiefe nicht verändern.

Stufe für Stufe verjüngt

Die Renovierung einer Treppe ist keine Sache, die in ein paar Stunden erledigt ist. Selbst ein Wochenende kann zu knapp sein. Weil die Treppe aber ein wichtiger Verkehrsweg ist, muß besonders gut geplant und zügig gearbeitet werden. Denn es wird nicht nur für das Zurichten und Verlegen des neuen Belags, sondern schon für die Vorbereitungsarbeiten einige Zeit benötigt: Alte Beläge und alte Beschläge sowie Blechtrittkanten müssen entfernt, runde Trittkanten begradigt werden (ohne daß dabei zuviel Holz mit der Stichsäge entfernt und nachher sogar noch abgehobelt wird). Sollten beim Entfernen des alten Belags Unebenheiten in den alten Stufen entstanden sein, müssen auch diese eingeebnet werden, vor allem dann, wenn relativ dünnes Material (wie etwa der Laminatboden in den Fotos auf diesen Seiten) auf die Stufen geklebt wird.

Erst dann kann mit dem Vorrichten der neuen Beläge begonnen werden. Und zwar damit, daß für jede Trittstufe das neue Belagmaterial einzeln zugeschnitten wird. Bei einer geradläufigen Treppe kann das abgelesene Maß direkt im vorgesehenen Belagmaterial nachgeschnitten werden; bei einer gewendelten Treppe ist es sicherer, aus Pappe oder dünnem Karton Schablonen anzufertigen und erst anhand dieser Schablonen den Belag zuzuschneiden oder auszusägen. Dabei werden besonders die Innenkanten der Stufen, vor allem der Stufen am Geländerpfosten, besonders sorgfältig eingepaßt (und hier wird in der Regel die meiste Arbeitszeit verbraucht). Der Zuschnitt der Setzstufen ist dafür um so einfacher, denn die haben stets die gleiche Höhe.

und festen Vorderkante

Pappe oder dünner Karton *wird an gewendelten Treppen als Schablone für paßgenaue Zuschnitte benötigt.*

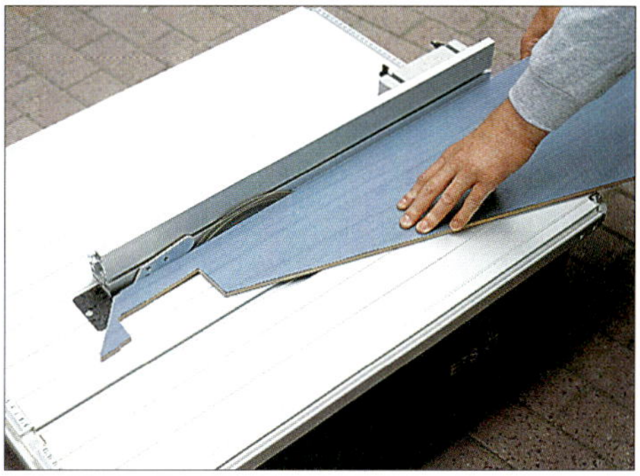

Jede Trittstufe *wird mit der Stich- oder Tischkreissäge zugeschnitten. Die Maße der Setzstufen können direkt übertragen werden.*

An problematischen Stellen *wie am Geländerpfosten müssen die neuen Beläge sorgfältig eingepaßt werden.*

Der Montagekleber *wird wellenförmig auf die alte Stufe aufgebracht, die neue Laminatstufe wird fest ins Kleberbett gedrückt.*

Das Alufixprofil *wird als Tritt- und Abdeckkante mit der alten Stufe verschraubt (etwa alle 25 cm ist eine Schraube zu setzen).*

In den Zusatzclip *klebt man einen passend zugeschnittenen Laminatstreifen mit Montagekleber oder Teppichklebeband.*

Clip und Streifen sind in das an die Treppe geschraubte Profil einzuschieben und mit einem Gummihammer festzuklopfen.

Die Setzstufen werden als letztes eingebaut. Sie haben einheitliche Höhe, bei gewendelten Treppen variiert nur die Länge.

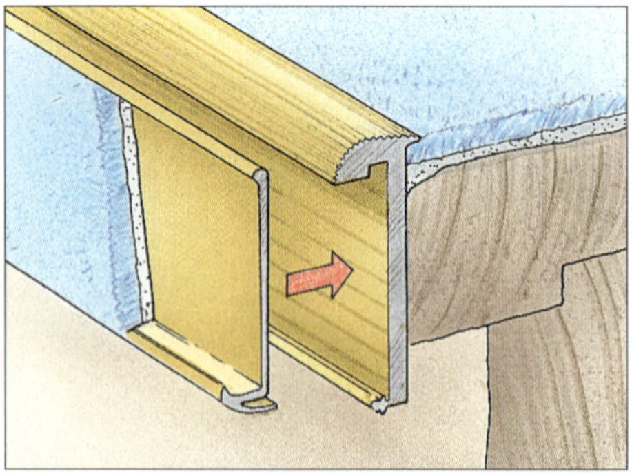

Im Detail: An die Treppe ist das Alufixprofil geschraubt, in das der Zusatzclip mit einem schmalen Belagstreifen eingesteckt wird.

Trittsichere und schöne Kanten

Die kritischen Stellen jeder Treppe sind die Vorderkanten der Trittstufen. Hier muß man sich beim Begehen der Treppe auf absolut sicheres Auftreten verlassen können, alle Beschläge müssen zuverlässig fest sitzen, nichts darf sich lösen, wenn mal die Kante stärker belastet wird oder wenn man, was schon mal passieren kann, an einer Treppenkante leicht abrutscht.
Deshalb sind die Profilschienen, die auf diesen Seiten vorgestellt werden, so konstruiert worden, daß sie auch nach der Verarbeitung durch Nichtfachleute einwandfrei funktionieren. Natürlich darf sich der Selbermacher nicht allein darauf verlassen: Die Qualität seiner Arbeit entscheidet darüber, ob die Profile die versprochene Sicherheit bieten. Entsprechende Einbauvorschriften sind den Alufixschienen mitgegeben, und unsere Fotos zeigen außerdem, worauf es beim Einbau dieser Schienen im Zuge einer Treppenrenovierung ankommt.
Zuverlässige Sicherheit der Kantenprofile ist ein Kriterium, perfekte Anpassung dieser Bauteile an den Gesamteindruck einer Treppe ein anderes. Heute schätzt man eher unauffällige Beschläge; sie sollen sich nicht als zusätzliches Element in den Vordergrund drängen.
Dem entsprechen die Kantenprofile. Denn sie bestehen aus zwei Teilen. Da ist zum einen das an die Kante der Trittstufe geschraubte Profil, das den sicheren Abschluß der Stufe darstellt und die Vorderkante des Stufenbelags vor Beschädigung schützt. In dieses Profil kann nun entweder eine Echtholzblende geklemmt werden, wie sie zu Fertigparkett angeboten wird (natürlich in den Holzarten, in denen auch das Parkett hergestellt wird).

Belag der Treppe angepaßt

Oder man klemmt einen Zusatzclip ein, der mit einem schmalen Streifen des Materials beklebt ist, mit dem die Treppe belegt wird. So stellen sich dann die Stufenkanten recht unauffällig dar, lediglich schmale Streifen an der Oberseite der Profile markieren die Ränder der Stufen (für das sichere Begehen der Treppe ist das sehr wichtig).
Zu diesem praktischen System gehören auch Zusatzprofile, mit denen sogar bei sehr stark abgenutzten Treppen eine sichere Montage der eigentlichen Kantenschienen erreicht werden kann. So kann bei stark ausgetretenen Stufen ein U-förmiges Profil befestigt werden, das um die unregelmäßig abgenutzte Kante greift und vor das dann das Alufix-Trittkantenprofil geschraubt wird.
Eine solche Rettungsmaßnahme bei einer Treppe im Altbau ist wesentlich einfacher und schneller zu erledigen, als wenn man die Massivholzstufe zurücksägen und mit vorgesetzter Holzleiste begradigen müßte – wie das noch vor wenigen Jahren notwendig war.
Die Profilschienen und die Zusatzclips sind nicht auf bestimmte Materialstärken und damit auf bestimmte Belagarten festgelegt. Denn das Profil wird erst dann befestigt, wenn der neue Belag auf die Trittstufe aufgebracht ist: Es kann dann so an die Stufe geschraubt werden, daß es bündig mit der Oberfläche des Belags abschließt bzw. mit dem schmalen Schenkel über den Belag greift und so dessen Kante sicher einschließt.
Bei einem Teppichboden muß darauf geachtet werden, daß die Oberkante des Profils auf Höhe des Trägermaterials, nicht auf Höhe des Flors liegt.

Fertigparkett als neuer Belag auf der Treppe wird mit solchen Echtholzblenden (aus dem gleichen Holz wie das Parkett) eingefaßt.

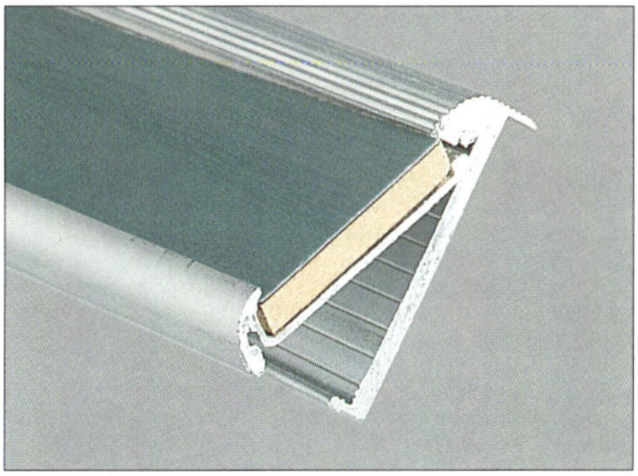

Im Detail: das Alufixprofil (rechts) mit dem Zusatzclip (links), der mit dem Material des neuen Treppenbelags beklebt ist.

Das Ausgleichprofil (links) begradigt stark ausgetretene Stufen. In der Mitte das Alufixprofil, rechts die zwei Clipprofile.

Universelle **Profilschienen** passen gut zu

Bei Fertigparkett *sägt man erst die Dielen für die Setzstufen zu und fixiert sie mit Leim oder Montagekleber an der alten Stufe.*

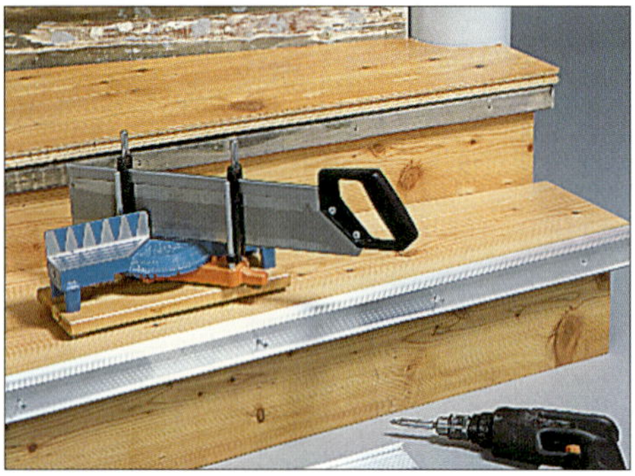

Die Trittstufen *werden aus ein oder zwei Dielen zusammengesetzt. Im Bereich der Wendelung können es auch drei Dielen sein.*

Die Blendleiste *gibt es in den Farben der Parketthölzer. Sie wird in das schon angeschraubte Alufixprofil geklemmt.*

Wird im eigenen Haus für die Treppe eine Renovierung beschlossen, dann hat diese Entscheidung wohl auch Konsequenzen zumindest für die angrenzenden Flurbereiche. Der neue Treppenbelag muß ja zum Bodenbelag in der unteren wie in der oberen Etage passen – und sollte im Idealfall aus demselben Material sein. Nur dann wird das ganze Treppenhaus mit den dahin führenden Wegebereichen ein harmonisch wirkender Raum werden.
Hier zeigt sich der Vorteil der Alufixschienen: Sie können für jede Art von Bodenbelag eingesetzt werden – und deshalb kann die Treppe mit exakt denselben Belägen wie die beiden Flurbereiche ausgestattet werden.
Eine solche Rundumlösung hat zwar den Nachteil, daß in einem Arbeitsgang auch Raumbereiche mit neuen Böden versehen werden, die es von der Abnutzung des vorhandenen Belags vielleicht noch nicht nötig haben. Aber sie bringt ein besonders attraktives Ergebnis. Und sie hat nebenbei den praktischen Vorteil, daß zumindest der Anschluß der Treppe zur oberen Etage ohne Niveauunterschiede in den Bodenbelägen hergestellt wird.
Je nach Geräuschempfindlichkeit der Hausbewohner kann man sich für ein hartes und damit auch etwas lautes Parkett entscheiden – oder einem weichen und geräuschdämpfenden Teppichbelag den Vorzug geben (bei dem sehr viel mehr Farben und Strukturen als bei anderen Belägen zur Auswahl stehen).
Einfluß auf die Entscheidung mag auch haben, daß bei einem Teppichboden etwa eine halbe Stunde Arbeitszeit pro Stufe benötigt wird, bei Parkett oder Laminat fast die doppelte Zeit...

jedem normalen Bodenbelag.

Kunststoffbeläge schneidet man mit Hilfe einer Schablone aus Pappe paßgenau zu und klebt sie mit Spezialkleber auf die Stufen.

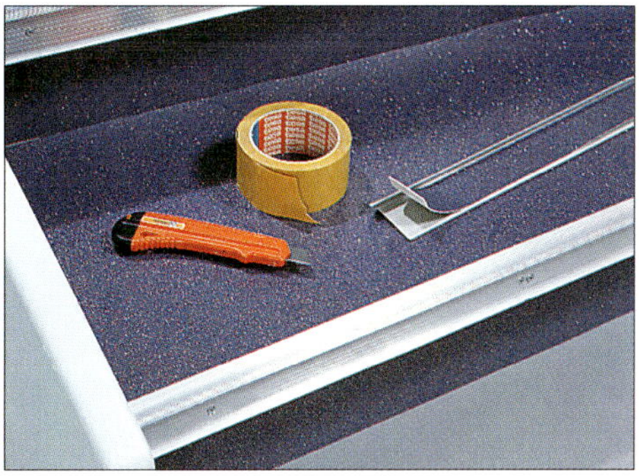

Mit Teppichklebeband setzt man schmale Streifen des Belagmaterials in das Clipprofil und klemmt dieses in der Schiene fest.

Das Clipprofil macht den Treppenbelag etwas teurer, aber die Verblendung der Trittstufe sieht zweifellos attraktiv aus.

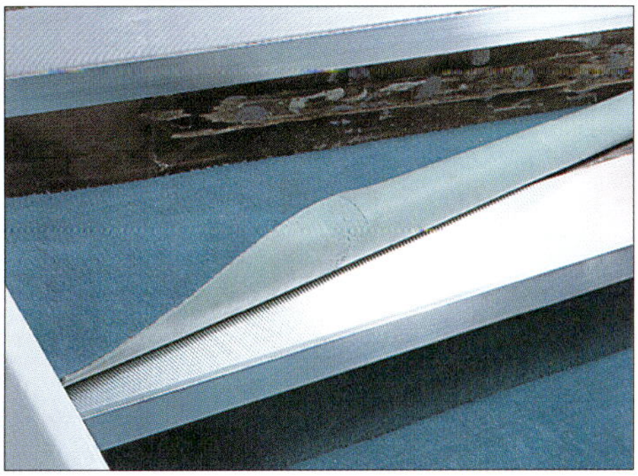

Ausgetretene Stufen müssen erst mit einem Ausgleichprofil egalisiert werden, damit daran die Alufixschiene festen Halt hat.

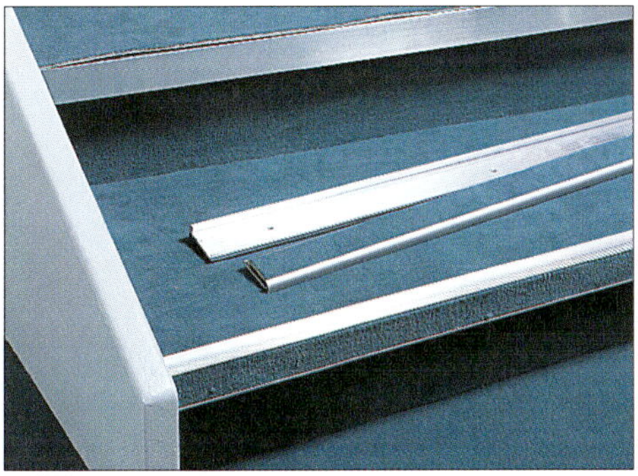

Auch ein Teppichbelag wird Stufe für Stufe mit dem Teppichmesser paßgenau zugeschnitten und dann festgeklebt.

Der schmale Schenkel der Kantenprofile zeigt den Rand jeder Trittstufe an und macht das Gehen auf der Treppe sicherer.

Praktische Fußleisten

Im Handumdrehen können solche Leisten an der Wand befestigt werden, ebenso schnell lassen sie sich aber auch wieder abnehmen.

Deutlich zu sehen: Hinter den Leisten ist reichlich Platz, auch für mehrere Strom-, Lautsprecher- oder Antennenkabel.

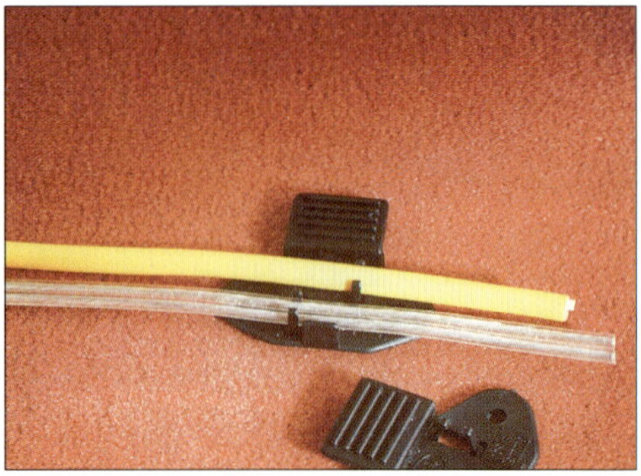

Die Clips weisen unterhalb der Leistenaufnahme kleine Haltenasen auf; hier können die Kabel eingeklemmt werden.

Steckfußleisten werden von oben auf Clips gesteckt, die in Abständen von etwa 50 cm an die Wand geschraubt sind.

und Übergangsschienen

Fußleisten an den Wänden sind mehr als der saubere Abschluß eines Bodenbelags: Sie können Versteck für Kabel sein, die nicht lose herumliegen sollen.

Wenn die Wohnung oder auch nur ein Raum mit einem neuen Bodenbelag verschönert worden ist, dann könnte diese Gelegenheit genutzt werden, mit dem Kabel-Chaos Schluß zu machen, von dem kaum ein Haushalt verschont bleibt: Die losen Antennen- oder Lautsprecherkabel oder auch Verlängerungskabel sollten hinter den Fußleisten versteckt werden. Moderne Fußleisten zum Aufstecken auf Clips sind so geformt, daß im Innern ein ausreichend großer Hohlraum bleibt, in dem gleich mehrere Kabel Platz haben. Und wenn man doch die alten Leisten behalten will, dann könnten diese mit der Fräse auf der Rückseite entsprechend behandelt werden.
Sogar Heizungsrohre können hinter speziellen Leisten versteckt werden.

Sogar zwei Rohre können hinter diesen Spezialleisten versteckt werden. Sie sind 80 mm hoch und nur 28 mm dick.

Zwei Nuten haben diese Leisten: Mit der einen Nut werden sie auf den Clip geschoben, die andere Nut nimmt Kabel auf.

Zwei Profile bilden hier die Fußleiste: Sichtbar ist eine dünne Sperrholzleiste, unsichtbar bleibt dahinter die Abstandleiste zur Wand.

Selbstgefräst ist dieser Kabelkanal. Mit einer Oberfräse kann auch eine alte Fußleiste auf diese Weise aufgerüstet werden.

Die passenden **Anschlußschienen**

Im Küchenbereich ist ein pflegeleichter Kunststoffboden verlegt, im Eßbereich sorgt Holz für Gemütlichkeit. In der Trennfuge wird eine Aluschiene auf ein Trägerprofil gesteckt.

Ein Parkettprofil: Das untere Profil wird an den Boden geschraubt, das obere aufgesteckt.

Unter den breiten Flügel wird das Holz nur so tief eingesteckt, daß ihm Platz zum Ausdehnen bleibt.

Die Messingschiene wird mit der letzten Fliesenreihe verklebt. Silikon bildet eine Dehnfuge zum Holz.

Materialmix ohne Stolperstufen

Die große Auswahl an solchen Bodenbelagelementen, die auch ein Selbermacher verlegen kann, macht es heute möglich, sich für einen Materialmix zu entscheiden, um dadurch einen bestimmten Bereich im Raum durch ein anderes Material vom übrigen Bodenbelag abzusetzen. Wenn es bei den verschiedenen Materialien leichte Höhenunterschiede gibt, ist das kein Problem: Sie können durch dünne Unterlagschichten ausgeglichen werden.
Ganz wichtig ist, daß die Anschlußfugen durch entsprechende Anschlußleisten gefüllt bzw. überdeckt werden. Sie sorgen dafür, daß es hier keine Stolperfallen gibt, und sie schützen zugleich die Schnittkanten der Bodenbeläge. Spezialprofile sorgen sogar dafür, daß ein hölzerner Belag sich etwas ausdehnen kann (wenn er mal zuviel Feuchtigkeit aufgenommen hat).

Die Eßecke im Wohnzimmer ist mit Fertigparkett ausgelegt, weil das nicht so schmutzempfindlich ist. Den Übergang zum Teppichboden bildet ein T- oder L-Profil.

Vor dem Kamin muß ein brandsicherer Belag liegen: Am Übergang der Fliesen zum Fertigparkett im übrigen Raum liegt ein T-förmiges Abdeckprofil, in den Ecken auf Gehrung gesägt.

Stichwortregister

Fotografen: Ariadne Ahrens, Seite 108–121; Alfred Schmitz, Seite 18–25, 84–89, 122–125; Redaktionsbüro Bacmeister, Seite 16/17; DLW, Seite 16/17; 68–77; Haro, Seite 84–89; Jalag Syndication, Seite 6/7, 68–77; Jörg Jochmann, Seite 62/63, 80–83; René Lauert, Seite 66–79, 84–89, 102–105; Ferdinand Graf Luckner, Seite 100–101, 114–121; Carl Ed. Meyer, Seite 68–77; Marco Moog, Seite 50–55, 92–95, 100/101, 114–121; Petra Stange, Seite 8/9, 10–15,18–49, 90/91, 96–99, 114–125; Karin Vogel-Berensmann, Seite 62/63, 84–89, 96–99; Pegulan, Seite 18–25, 56–61; G. P. Reichelt, Seite 56–61.
Zeichnungen: Gerlind Bruhn, Seite 26–33; Dietmar Lochner, Seite 8/9; Oliver Friel, Seite 68–77; Tillmann Straßburger, Seite 114–121; Jochen Pape, Seite 84–89.

selber machen

Die Bücher, mit denen das Schaffen zu Hause mehr Spaß macht.

60300–4

60301–2

60302–0

60303–9

60304–7

60305–5

Im April 1997 erscheinen:

60306–6

60307–7

60308–X

60309–8

60310–1

60311–X